CB129575

Escutando Dissidências:

Perspectivas sobre gêneros e sexualidades para uma psicologia plural

Carmen Livia PARISE
Guilherme SCANDIUCCI
Gustavo PESSOA (org.)

Escutando Dissidências:

Perspectivas sobre gêneros e sexualidades para uma psicologia plural

SATTVA
EDITORA

contato@sattvaeditora.com.br
www.sattvaeditora.com.br

Editora: **Vivian Lerner**
Projeto gráfico, diagramação e capa: **Luiz Zonzini**
Revisão: **Andréa Moraes**

Escutando Dissidências: perspectivas sobre gêneros e sexualidades para uma psicologia plural
Copyright © 2024 • Sattva Editora

Todos os direitos reservados

Nenhuma parte desta obra pode ser reproduzida sem a autorização expressa da editora

Dados Internacionais de Catalogação na Publicação (CIP)
(Câmara Brasileira do Livro, SP, Brasil)

Escutando dissidências : perspectiva sobre gêneros e sexualidades para uma psicologia plural / organização Carmen Livia Parise, Guilherme Scandiucci, Gustavo Pessoa. -- São Paulo : Sattva Editora, 2024.

Vários autores.
Bibliografia.
ISBN 978-65-86420-13-5

1. Gênero e sexualidade 2. LGBTQIAPN+ - Aspectos psicológicos 3. Psicologia analítica I. Parise, Carmen Livia. II. Scandiucci, Guilherme. III. Pessoa, Gustavo.

24-213289 CDD-150.1954

Índices para catálogo sistemático:

1. Psicologia analítica 150.1954

Eliane de Freitas Leite - Bibliotecária - CRB 8/8415

A todos os corpos dissidentes que insistem
em (r)existir de forma digna e plena
e nos ensinam a imaginar ficções de vidas
mais plurais e potáveis

"É preciso voltar sempre no afã de buscar pedaços da história que ficaram perdidos".
(Conceição Evaristo em *Canção para ninar menino grande*)

"Não trago nenhuma notícia das margens, trago notícias da travessia. Não existem margens opostas, estamos todos na encruzilhada... na multiplicidade radical da vida e no desejo de mudar o nome de todas as coisas".
(Paul Preciado em *Apartamento em Urano*)

Sumário

Prefácio

Escrevo este prefácio-apresentação tomada do sentimento de ser ouvida. Explico: ao longo das páginas deste livro, vi serem citadas diversas intelectuais trans e travestis, lésbicas e tantas mais pensadoras sexo-gênero dissidentes, assim como eu. Esta obra já nasce como a concretização do esforço coletivo de escuta e aprendizagem com sujeitos que habitam as margens sociais, com sujeitos abjetos. Neste sentido Escutando *dissidências* traduz com muita exatidão o que vocês encontrarão ao ler as páginas desta obra.

Não pretendo nesta apresentação falar sobre cada um dos textos ou resumi-los, temo que fazê-lo promova um certo enquadramento, uma leitura sobrecodificada em que o entendimento do prefaciador induz o leitor. Prefiro que conheçam por si cada texto desta coletânea e descubram e apreciem suas discussões, que atravessam temas os mais variados.

Há muito sujeitos sexo-gênero dissidentes demandam as ciências psi e aos saberes analíticos a escuta franca, uma forma de escuta que não transformasse nossos marcadores sociais da diferença em significantes despóticos, que não fôssemos reduzidos aquele nosso aspecto que nos torna dissidentes: a transexual, a lésbica, o homossexual, como se nada além disso tivesse significado em nossas existências. Monique Wittig em O *Pensamento Heterossexual* ia além, reivindicava a invenção de uma linguagem que não fosse heterossexual. Uma forma de falar e sermos ouvidos que não seja heterossexuada.

Intelectuais da dissidência tem reivindicado também que os saberes psi reconheçam a importância das transformações históricas e do tempo, Anne McClintok, em sua célebre obra *Couro Imperial,* também argumenta sobre a importância de que a psicanálise perceba os efeitos das transformações na história social na composição do fetiche.

Por muito tempo a psicanálise tem resistido a estes apelos, como indica Paul Preciado em *Eu sou o monstro que vos fala*, é justamente por isso que este livro representa tanto: é manual e exemplo prático de escuta. De permitir que a vulnerabilidade dos outros e os conceitos que estruturam o mundo tenham voz e possam transformar as práticas e epistemologia crítica da clínica e das atividades laborais do dia a dia.

O que é gênero? Como ele opera na clínica? Qual a história do sexo? Todos estes elementos estão no livro e com uma linguagem acessível. Neste livro vocês encontrarão tais respostas, sempre afetadas por uma perspectiva decolonial. Não me alongo mais, pois sei que o caro leitor quer logo ir aos textos; recomendo apenas para a leitura, a título de exercício: atente-se ao dizer dissidente no interior do discurso textual.

Helena Vieira

INTRODUÇÃO

Carmen Lívia PARISE
Guilherme SCANDIUCCI
Gustavo PESSOA

A psicologia analítica produziu, em seu arcabouço teórico, hipóteses a respeito de como a psique se apresenta em relação às questões de gênero. A figura da *anima*, para Jung, foi uma das mais fundamentais para suas reflexões e proposições sobre como estabelecer um contato prolífico com o inconsciente que dê à consciência egoica condições para sua individuação. Por muito tempo, os autores que seguiram a obra de Jung reproduziram sua ideia de *anima*, assumindo que a psique poderia ser arquetipicamente generificada. Haveria no inconsciente uma figura feminina, ou um princípio feminino, e suas contrapartes masculinas.

Pouco se discutiu, no meio junguiano, a respeito das contribuições no campo dos estudos de gênero que ocorriam fora da psicologia. Dos Estados Unidos ao Brasil, da Europa à África Central, o ocidente apresentou novas experiências, pesquisas e reflexões sobre as temáticas de gênero desde o fim do século XIX até o momento atual. Tais elaborações não foram articuladas pelos autores junguianos com as propostas da psicologia analítica. As fricções entre o que se pensou e se experimentou nesses campos, especialmente a partir dos anos 1970, foram se tornando cada vez mais agudas em suas diferenças em relação ao que a psicologia analítica propôs nas primeiras décadas do século XX. Não se trata apenas de expandir ou complementar as ideias acerca do gênero. Alguns questionamentos se aprofundaram no nível em que pudemos, enfim, perguntar: é possível, epistemologicamente, ainda trabalharmos com alguns conceitos? Que tipo de conhecimento e consequências se produzem, na formação e na prática clínica, se ainda os utilizarmos? Existiriam outras formas de pensar que poderiam produzir outras práticas?

Para adentrar nas discussões de gênero e pensar de que forma isso repercutiu na psicologia analítica, se faz necessária uma reflexão: sempre houve sexo e gênero? As coisas sempre foram da maneira como são hoje?

O que pretendemos demonstrar aqui, a partir de uma interlocução com autores que abasteceram o campo de estudos de gênero e de sexualidade, é que, como aponta Helena Vieira, os sentidos que se estabelecem sobre as corporeidades nas relações sociais nem sempre foram os mesmos. Ser uma mulher branca, heterossexual, hoje no mundo ocidental, por exemplo, é diferente do que significava ser esta mesma mulher nos anos 1940, afirma ela. Ser mulher é uma experiência situada social, histórica e culturalmente que se estabelece ao longo do tempo.

Para aprofundarmos essas questões, sigamos o percurso de reflexão traçado por Vieira passando por todas as ondas do feminismo. Em seu livro *Inventando o Sexo*, Laqueur (2001) fez uma importante retomada de como esse sentido foi se transformando ao longo da história. Acompanhando esse trajeto, é possível vislumbrar como o poder funcionava em relação a esses corpos e corporalidades ao longo do tempo e como esses corpos funcionam socialmente. O autor partiu da concepção grega monista dos sexos, o isomorfismo. Nessa concepção, haveria apenas um organismo humano, o masculino. As mulheres seriam homens atrofiados. Devido à falta de calor de seus corpos, seus órgãos não teriam sido desenvolvidos e exteriorizados.

No século XIV a Europa passou por uma imensa crise populacional. Devido à Guerra dos Cem anos e à Peste Bubônica, um terço de sua população havia sido dizimada. Já no Século XIX, com o despontar da Revolução Industrial e do capitalismo era necessário que houvesse mão de obra para trabalhar nas indústrias. É nessa época que se descobre a função do útero. Esse órgão ganhará então uma função que passará a operar como mecanismo despótico dele: o útero serve para reproduzir; a mulher é reprodutora, logo existem dois organismos humanos que são antagônicos e complementares. Assim, o destino humano seria o acoplamento reprodutivo entre pênis e vagina. A mulher, como máquina reprodutora de gente e como prestadora de trabalho não remunerado nos lares, determinará a acumulação de riquezas ditadas pelo capitalismo. Enquanto isso, os homens-proletários circulam na pólis, vendendo sua força de trabalho – ou a força de trabalho de sua prole, para aqueles que detêm os meios de produção.

É importante perceber aqui a forma como a noção de sexo emerge no século XIX, dentro de uma conceitualização que eleva a heterossexualidade à norma. Esse tema foi muito bem explorado por Gayle Rubin, em seu texto seminal de 1975, *Tráfico de Mulheres*. Nesse texto, que é considerado o primeiro das ciências sociais a empregar o termo *gênero*, Rubin propôs a ideia de uma heterossexualidade compulsória como regime político. Ao imaginar a heterossexualidade como sistema, Rubin deslocou a luta dos feminismos de sua época, sugerindo que o feminismo deveria se dedicar a combater não os homens, mas o sistema heterossexual que produz a superioridade masculina e a opressão das mulheres e das pessoas LGBTI+.

E de que maneira os feminismos vêm *bagunçar* essa ordem então estabelecida?

O feminismo se embasa numa identidade ou categoria de representação nomeada como *mulher* e aqui já começa o nosso problema: quem é essa mulher sujeito do feminismo? Essa foi a questão colocada por Judith Butler em seu igualmente canônico *Problemas de Gênero.*

O feminismo é muitas vezes estudado em forma de suas ondas, termo empregado para descrever os períodos históricos em que as mulheres autoras que o defendiam e as lutas que encamparam representavam certas pautas. A primeira onda do feminismo, por exemplo, foi majoritariamente composta por mulheres brancas de classe média reivindicando o direito ao voto e à inclusão no mercado de trabalho. Em ondas posteriores, mulheres proletárias, mulheres negras, pessoas LGBTI+ e diferentes outras categorias ganharam relevância e deram complexidade ao debate fundamental do feminismo de como construir uma sociedade que não se paute pela opressão às mulheres e outros sujeitos oprimidos. Embora haja controvérsias sobre esse método, ele é didático e, empregado aqui, servirá aos nossos fins.

A primeira onda do feminismo, situada até os anos 1930, orbitou em torno da questão sufragista. Trata-se de uma onda de reivindicações de direitos políticos e sociais por mulheres brancas. Que direitos faltam a essa mulher? Ser mulher branca até então estava associado a procriar e cuidar dos deveres da casa e nesse momento isso passa a ser questionado: o que havia no corpo da mulher branca que a impedia de participar dos espaços públicos? Por que ela não poderia fazer política? Para que houvesse esses questionamentos, a mulher branca precisou antes constatar sua condição de sujeito oprimido.

Já na segunda onda, desde o fim dos anos 1940 até meados dos anos 1970, além das reivindicações de participação social, começa-se a questionar o que constrói a opressão das mulheres. Como a mulher chega a ser mulher? É nesse momento que se começa a falar do caráter socialmente construído do que se chama de mulher, da relação entre sexo e cultura.

Outro tema muito importante dessa onda é o caráter privado da opressão da mulher também como sendo político. A ideia de que o pessoal é político e a reivindicação de que também em seus lares, as mulheres sejam consideradas como forma de vida politicamente relevante, que sejam detentoras do discurso sobre si.

Em 1949, Simone de Beauvoir lançou *O Segundo Sexo*, obra que é um marco do movimento feminista. A obra trouxe discussões em torno do caráter socialmente construído do que chamamos mulher, bem como da forma que se constrói a opressão das mulheres. Foi nessa obra que Beauvoir postulou que "não se nasce mulher, torna-se mulher", querendo dizer com isso que a mulher não tem existência própria, mas é constituída como um outro subalterno do homem. A mulher é transformada nisso pelas práticas sociais de subalternização. Beauvoir explorou quais os processos que estabelecem a subalternidade e inferioridade das mulheres, mostrando que estas são condicionadas para serem um segundo sexo a partir do homem. O homem se afirmaria através da identificação com seu sexo e se tornaria sujeito através da oposição ao sexo feminino, transformando esse segundo sexo em objeto em vez de sujeito.

Em 1968, Kate Millet lançou *A Política Sexual*, no qual construiu a ideia de que mesmo o âmbito pessoal da vida é político e que a opressão que as mulheres sofriam existia também nesse âmbito. Não se trata mais de uma reivindicação de lugar apenas no espaço público, mas da complexidade do direito à intimidade, de que a mulher seja tratada no lar como forma de vida politicamente relevante, que seja considerada como pessoa. Começa a ficar claro que toda relação entre um homem e uma mulher estará necessariamente atravessada por uma desigualdade fundante: a desigualdade de gênero.

Foi também durante a segunda onda do feminismo que Betty Friedan lançou *A Mística Feminina*, em 1963. Impactada pela invenção da pílula anticoncepcional e pela revolução sexual, ela investigou como as mulheres americanas viviam sua condição de donas de casa. Essas mulheres eram esposas e mães, o que supostamente deveria ser o destino biológico de toda mulher, porém sofriam do *mal que não tem nome*. Relatavam sentir uma frustração constante e indefinida, sentimento de vazio e angústia. As consequências de se levar adiante essa condição dita natural da mulher eram desastrosas, basta lembrar que muitas mulheres foram internadas em manicômios apenas por não quererem se casar, por terem amantes, não quererem ter filhos ou serem donas de casa, como se tivessem uma espécie de transtorno contra a natureza.

Apesar de tantos temas oportunos e toda desconstrução trazida pelos questionamentos dessa segunda onda, é importante notar que o feminismo dessa época foi marcado pela presença de uma expressão normativa do que se pensava ser mulher: a mulher branca, de classe média alta, capitalista, feminina e heterossexual. E as outras mulheres?

É dessa temática que o feminismo de terceira onda irá se ocupar. As feministas desse período, nos anos 1960 e 1970, se perguntaram: quem seria essa mulher que tem casa, filhos e não precisa trabalhar? Será que a condição feminina é a mesma em todas as mulheres, em todos os lugares? Podemos dizer que foi nesse período em que a universalidade do homem – e da mulher – brancos começou a se mostrar um problema e que os marcos do feminismo da segunda onda começaram a ser questionados.

Os anos 1960 serão marcados pelo aparecimento de novos movimentos sociais: o movimento gay, o movimento negro, o movimento ambiental, o movimento pacifista, entre outros. A produção teórica do feminismo incorporou, de alguma forma, as lutas trazidas por esses movimentos. É a partir dessas influências que as feministas poderão questionar quais experiências, de quais mulheres, são candidatas à representação. A partir desse questionamento, surgirão os feminismos críticos: o feminismo negro, o ambientalista, o lésbico, entre outros. E o sujeito do feminismo passará a se encarnar em múltiplas outras formas de ser.

O feminismo negro, por exemplo, se pergunta sobre a pauta da inserção no mercado de trabalho. Argumentam que a mulher negra nunca foi vista como frágil, sempre trabalhou, sempre foi submetida a duras rotinas de trabalho, sendo escravizadas, inclusive, por mulheres brancas. A pauta da exclusão do mercado de trabalho, portanto, não as contempla. Daí, concluíram que as opressões são específicas e precisam ser olhadas de modo específico. E mais: gênero só se constitui atravessado pela raça. Classe, raça e gênero seriam, portanto, interseccionais; estariam amarrados um com o outro constituindo modos únicos de opressões a partir da confluência desses fatores.

Foi a observação desse fenômeno, do fato que nenhuma dessas categorias poderia ser pensada isoladamente, que levou Kimberly Crenshaw a formular sua teoria das intersecccionalidades. Ainda antes de sua postulação, a socióloga brasileira Heleieth Saffioti havia trazido questão semelhante ao falar dos "nós" formados pelas opressões, as quais estariam enlaçadas umas às outras. Nesse sentido, a mulher negra e pobre estaria na base dessa pirâmide de violências.

As feministas lésbicas alegaram que as teorias feministas precedentes dividiram o mundo de maneira antagônica e reducionista entre homens e mulheres, observando a dominação masculina sobre as mulheres pela divisão sexual do trabalho, educação de meninas e meninos para reprodução e a disseminação de valores e ideias de que mulheres só encontrariam felicidade e realização no casamento com um homem e na maternidade. Se essa era a pauta do feminismo, Wittig se perguntou, então, se as lésbicas seriam de fato mulheres.

Em *O pensamento Hetero e Outros Ensaios,* Wittig afirmou que se o feminismo não se propuser a discutir a heterossexualidade como parte estruturante do patriarcado e da condição da mulher, esse feminismo estará cego. É preciso, segundo ela, colocar em questão a heterossexualidade, vê-la como regime político, não apenas como expressão de desejos. A heterossexualidade é a política que organiza corpos e corporalidades como norma.

Monique Wittig e Adrienne Rich questionaram a naturalização e obrigatoriedade tanto da heterossexualidade como da maternidade. Nesse sentido, trouxeram a lesbianidade alçada ao estatuto de prática revolucionária, na medida em que possibilita a imaginação de uma multiplicidade de expressões de gêneros e sexualidades fora da norma hétero.

Ainda nessa direção, houve o transfeminismo – visto por vezes como uma quarta onda, outras como um pós-feminismo. Um de seus expoentes foi Emi Koyama e seu *Manifesto Transexual.* O transfeminismo propõe um feminismo que faça uma virada radical, desconstruindo as noções de gênero e sexo como ligadas, de alguma forma, à biologia e à anatomia, colaborando ainda mais no sentido da construção de uma nova consciência.

Uma de nossas conclusões após toda essa exposição é que, enquanto o feminismo operar construindo a categoria de mulher, ele também opera produzindo a exclusão de uma série de outras experiências de *outras mulheres*. Assim, o próprio sujeito *mulher* não é mais compreendido em termos estáveis ou permanentes, como propõe Butler. Quando operamos na lógica representacional, produzimos o sujeito apto à representação, reforçando as categorias que produzem nossa subalternização, uma vez que alguns, inevitavelmente, não atingirão as qualidades necessárias para serem sujeitos. E daí a pergunta: será que não é possível construir o feminismo numa base móvel e plural e não numa única e permanente?

A quarta onda ou pós-feminismo traz outras questões a serem pensadas. Butler partiu de um questionamento crucial da obra de Beauvoir: se é verdade que não se nasce mulher, mas torna-se mulher, quando é que alguém acabaria de se tornar essa suposta mulher? Esta questão nos endereça à reflexão de que ser mulher não é um processo acabado.

Butler recuperou a obra de Laqueur, a fim de mostrar que nem sempre o modelo de dois sexos que correspondem a dois gêneros existiu e assumiu, a partir daí, a posição de que se o sexo foi mudando de sentidos ao longo do tempo, ele não pode ser tido como algo natural. A diferença entre os corpos poderia ser anatômica, mas não necessariamente sexual. Essa ideia seria invenção do próprio sistema de gênero, que leria os dois gêneros como significantes dos dois sexos. Nesse sentido, postulou que o sexo foi, desde sempre, gênero. Butler defende que é preciso desnaturalizar o sexo, entendê-lo como prática social e o gênero como aparato para aquilo que chamamos de sexo.

O paradigma naturalista pensava gênero como intrínseco. A perspectiva construtivista não o pensa deste modo, mas continua implicando na existência de dois sexos, na conformação de duas corporalidades genitalizadas. Na desnaturalização construcionista, proposta por Beauvoir, o gênero se constituiria a partir do corpo, uma construção social sobre dois sexos biológicos, naturais. Já no pensamento de Butler, não existe diferença entre sexo e gênero. Sexo é, ele mesmo, uma construção social. Os órgãos reprodutivos se tornam significantes despóticos, transformando o corpo todo numa coisa. O gênero seria, então, o aparato de poder discursivo técnico-bio-médico-político que constitui o sexo como categoria inteligível.

No limite, podemos dizer que não há uma relação entre gênero e genital. A dissociação entre sexo e gênero que ocorre no corpo trans revela que sexo sempre foi gênero. Nesse sentido, há uma correlação arbitrária entre gênero, anatomia e desejo.

Uma outra ideia fundamental trazida por Butler é a ideia de performatividade de gênero. Ela se questiona sobre quais atos performativos concretizaram o ser mulher. E a partir daí, postula a ideia de que o gênero é performado. Butler observa que algo se realiza quando o gênero se realiza, alguns atos institucionalizados que instituem a realidade mesma do gênero. A ideia de que acionando determinadas formas de fazer que o gênero se faz, atos estilizados do gênero que constroem a realidade dele próprio.

Gênero e Psicologia

Mencionamos, anteriormente, a obra de Gayle Rubin como um marco da primeira vez que o termo *gênero* aparece nas ciências sociais. No entanto, foi na psicologia, em 1955, nos estudos de John Money que o termo foi usado para descrever seres humanos pela primeira vez. Antes disso, o termo *gênero* era aplicado majoritariamente para designar um estilo de trabalho, como feito na expressão *gênero literário*, por exemplo.

Money trabalhava numa clínica da universidade da Califórnia onde recebia bebês intersexos. Ficou famoso por suas intervenções equivocadas que tinham como intuito *ensinar* os papéis masculinos ou femininos. Perguntava-se sobre o que poderia determinar a identidade desses bebês.

Para responder a essa questão, realizou o seguinte experimento: isolou mentalmente quatro variáveis para entender como esses bebês desenvolvem uma atitude masculina ou feminina. As variáveis eram: a genitália externa, os órgãos internos (útero, por exemplo), os hormônios e a designação dos pais, o que acreditavam que a criança seria ao nascer. Apesar de Money ter um número pequeno de participantes (somente 17 casos), observou que a única variável que teve correlação mais ou menos significativa com a futura identidade desses bebês foi a designação dos pais. Concluiu daí que o peso principal na determinação dessa identidade era o peso social.

Nasceu, assim, o *papel de gênero*, termo que inaugurou certo pensamento científico na psicologia norte-americana de oposição entre sexo, como dado biológico irrefutável, e gênero, como uma construção social.

Money se perguntava ainda sobre como uma coisa não inata se estabelece tão cedo na vida de uma pessoa e se fixa ao longo de toda vida. E caberia a nós, psicólogos, desenvolvermos teorias psicológicas para dar conta disso.

Em 1967, Ralph Greenson (1998) se ocupou de um desenvolvimento mais propriamente psicanalítico da questão. Greenson ficou conhecido por conta do caso do menino Lance, atendido por ele. Lance havia começado a usar roupas da mãe e da irmã já aos 2 anos de idade. Greenson não hesitou em aplicar o tratamento reversivo. Ele observou que o menino tinha uma identificação muito forte com a mãe e quase nenhuma referência paterna. Greenson tentou oferecer, ele mesmo, essa identificação. Chegou mesmo a levar Lance para casa dele, brincar com sua família. A ideia era oferecer o papel masculino para que a simbiose com a mãe se desfizesse.

Greenson postulou uma equação entre *amar* e *tornar-se*. Disse ele que o primeiro amor de objeto de um bebê coincide também com a identificação. Nesse sentido, homens precisam se desidentificar, se contrapor de uma forma mais nítida à identificação primária com a mãe para ascender à masculinidade e, por isso mesmo, seriam mais fóbicos em relação a tudo que não é tido como do gênero masculino.

Outro autor que se debruçou sobre a questão de gênero na psicanálise é Robert Stoller. Esse autor se ocupou de estudar a *etiologia das identidades desviantes*, denominadas então de *transexualismo*, evidenciando o viés patologizante da época sobre essa questão. Stoller percebeu, no entanto, que para realizar tal tarefa necessitava fazer a etiologia de qualquer identidade.

Uma contribuição teórica importante desse autor é a de que a identidade se formaria muito precocemente, em um tempo anterior à possibilidade de qualquer agenciamento por parte do bebê. Ele postulou a simbiose do corpo da mãe e do filho como fenômeno universal. Aqui também, portanto, a formação de uma identidade masculina viria depois dessa diferenciação. Stoller argumentou que a prevalência de corpos trans femininos – 3:1 a 6:1, a depender do país, seria uma evidência disso.

Segundo Stoller, quando os homens atribuem a inveja do pênis à mulher, eles estão tentando, portanto, negar a superioridade delas. O horror ao *sujeito mutilado, castrado* seria reativo e diria mais respeito à angústia de não poder ser tudo, de terem que escolher ser algo. A lógica fálica, nesse sentido, seria mais da ordem de uma superioridade defensiva, ela não explicaria a si mesma. Vale lembrar que nessa época muitos psicanalistas viam a experiência das pessoas trans como psicose. Nesse sentido, Stoller é menos patologizante.

Há também as reflexões e teorizações trazidas por Jean Laplanche em *O gênero, o sexo e o sexual* (2003). Ele nomeou uma situação antropológica fundamental: o desamparo do pequeno ser humano diante daqueles que dele cuidam, uma vez em que esse ser estará em estado de passividade absoluta, não realizando qualquer tipo de *atividade* quando nasce. Para ele, nesse momento, falar em mecanismos como identificação e projeção seria descabido. Há um gozo sem oposição, não se diferencia passivo de ativo, tudo é possível, sendo que esse *tudo* não é nem simbolizado. O corpo sofre uma invasão de sentidos e sensações, não há ainda a formação de um eu.

Foi nesse momento que começaram as designações de gênero operadas pelo entorno desse bebê: "ah, ele gosta dessa cor, ela gosta de brincar com essa bonequinha". Tais designações engendram a formação de um recalque secundário, a partir do qual o sujeito faria um luto da multiplicidade das posições de gozo, via assunção de um sexo. Sexo seria, então, defensivo e viria a recalcar a multiplicidade do gênero. O sexo, nessa perspectiva, aparece como uma construção do recalque secundário, que teria por finalidade a defesa diante da multiplicidade do gênero.

A lógica do falo teria então uma primazia defensiva e denegativa. A lógica fálica não explicaria a si mesma, mas estaria ali porque tem um poder defensivo diante de algo muito mais ameaçador, algo que é da ordem da multiplicidade das posições de gozo, de uma passividade absoluta que é incompatível com o princípio da identidade. A lógica fálica viria como uma tentativa de dominação daquilo que foge aos contornos e ao primado do falo. A ideia de Laplanche é que seremos mais livres quanto mais nos permitirmos dar espaço à passividade originária que habita todos nós.

Enfim, percebe-se o quanto as discussões em torno de sexo e gênero são complexas e diversas e, em nosso ponto de vista, fundamentais para uma psicologia analítica crítica e atenta às questões filosóficas e sociais de seu tempo. Este livro pretende dar uma contribuição ao campo pós-junguiano nesta área. A introdução fará uma retomada dos principais autores ligados à psicologia analítica que se voltaram às questões de sexo e gênero, além de desenvolver ideias a partir de estudos contemporâneos. Os capítulos seguintes são contribuições mais específicas dentro de tal eixo.

Sexo e gênero em Jung

Na obra de C. G. Jung, há ao menos três momentos em que a sexualidade desempenha um papel importante como temática a ser explorada, expostos aqui conforme a ordem de publicação de suas *Obras Completas*.

Em sua passagem pela psicanálise, Jung jamais negou a importância da pulsão sexual e da libido que se ancora nos elementos eróticos da história de vida dos indivíduos. Em *Freud e a Psicanálise*, Jung (2011, OC vol. IV) publica seus textos desde a época em que contribui com Freud e fazia parte do movimento psicanalítico, incluindo em sua obra textos em que defende as teorias freudianas. O fato de Jung ter discutido e revisado sua obra completa, optando por manter estes textos nela, chama a atenção para a hipótese de que, até o fim de sua vida, parecia concordar com muitas das propostas trazidas pela psicanálise. Em um texto de 1913, quando já sabemos ter Jung discordâncias em relação à psicanálise da época, ele ainda assim admite que a criança possui uma sexualidade de caráter perverso e polimórfico e que "a libido ativa não apenas uma perversão, mas várias" (JUNG, OC vol. IV, 2011, §258). O autor prossegue para afirmar de forma assertiva que "não há alternativa que não seja assumir que antes e depois da puberdade, trata-se da mesma libido. Desta forma, "as perversões infantis emergem exatamente da mesma maneira em adultos" (JUNG, OC vol. IV, 2011, §259). Temos aqui um autor que já admite o polimorfismo do desejo sem estranhamento, pensando a libido como polimórfica ao longo da vida, originando a ideia de que nossa energia psíquica busca objetos diversos ao longo de nossa trajetória. Neste sentido, não haveria razão para não entendermos como diversidade desejada pela libido também a variação entre orientações sexuais e identidades de gênero como objetos de desejo de qualquer pessoa.

Quando falamos em perversões, há que se lembrar como este termo substituiu outras palavras para descrever desejos e práticas que fugiam à sexualidade heterossexual com fins reprodutivos. O descolamento entre desejo e reprodução ganha o nome de perversão nos primeiros anos da psicanálise e representa um avanço considerável na captura pela medicina e, posteriormente, pela psicanálise, do estudo e tratamento da sexualidade, retirando-a da órbita religiosa do pecado ou da moralidade legal e suas punições segundo a lei. O uso da palavra perversão nos fala sobre como o que era crime ou pecado torna-se doença e, desta forma, abre-se a possibilidade do tratamento e da cura. Por outro lado, a evolução deste pensamento levará a terríveis distorções no século XX, como a ideia da cura gay que subsiste até os dias atuais. Novamente, cabe ressaltar que, ao admitir o polimorfismo do desejo e a manutenção desta característica até a vida adulta, Jung se posiciona ao lado da psicanálise na possibilidade de pensarmos uma sexualidade múltipla e que se expanda em diferentes e várias direções, transformando-se ao longo do tempo.

Em 1929, Jung publica *Freud e Jung: Contrastes* (2011, OC vol. IV), no qual mais uma vez o autor é capaz de discriminar suas proximidades e discordâncias com o pai da psicanálise. Por um lado, Jung critica ferozmente o modelo da psique baseado numa pulsão exclusivamente sexual. Por outro, o autor admite que "há uma perturbação notória na esfera psíquica do sexo nos dias de hoje" (JUNG, 2011, OC vol. IX, §780), embora alerte para que não tomemos o sintoma por sua causa ou pela totalidade da psique. No parágrafo anterior, o autor nos traz que "vejo em tudo o que ocorre um jogo de opostos e derivo daí minha ideia de energia psíquica" (JUNG, 2011, OC vol. IX, §780), a qual ele posteriormente elabora como uma energia sem qualidade definida. A ênfase de Jung na não-exclusividade da libido de qualidade sexual, bem como sua visão de uma tensão entre opostos, não desqualifica sua afirmação de que há uma vivência de perturbação na sexualidade que se expressa na esfera do coletivo, não somente nos traumas e vivências individuais.

O segundo momento em que a sexualidade se apresenta na obra de Jung de forma marcante é a publicação de *Símbolos da Transformação* (2011, OC vol. V), no qual Jung faz uma análise esmerada do material de Miss Miller. As fantasias de Miss Miller são fartamente ilustradas com imagens relacionadas à sexualidade, desde desejos por marinheiros aos indígenas desnudos descritos em seus textos. Jung trabalha o material de forma distinta da psicanálise para demonstrar sua hipótese de que, por meio de um estudo comparado de mitologias e religiões, podemos encontrar aproximações entre imagens individuais e temas coletivos. Os símbolos trazidos por Miss Miller são amplificados a partir da noção de inconsciente que, se escutado e elaborado pela atitude do ego consciente, pode promover transformação, ainda que esta possibilidade não seja a tomada pela própria Miss Miller.

O argumento de Jung nesta obra seminal é de que "muitos conteúdos aparentemente sexuais são meramente metáforas e analogias" (2011, OC vol. V, §192), ressaltando o caráter imagético e simbólico dos conteúdos psíquicos e rejeitando sua conexão direta e imediata com imagens concernentes ao sexo e à sexualidade. Com efeito, fica demonstrado que há uma possibilidade de leitura dos fenômenos psíquicos que não se resume à chave interpretativa da sexualidade. A libido, portanto, não precisa ser determinada apenas como pulsão sexual, mas pode ser mais precisamente considerada como energia psíquica que segue na direção da transformação exigida pela relação entre consciência e inconsciente em um dado indivíduo.

O terceiro momento da obra em que me parece Jung versar sobre a sexualidade como tema relevante ocorre em 1946 com a publicação de *A Psicologia da Transferência* (JUNG, 2011, OC vol. XVI). O autor retorna ao tema do encontro e do relacionamento por meio de imagens alquímicas do *rosarium philosophorum* para discorrer sobre erotismo, comunhão e transformação ensejada pelo relacionamento entre duas pessoas. A breve página de dedicatória em que se lê simplesmente "para minha esposa" é um indício precioso de que Jung, em seu texto, ultrapassa a noção de transferência para argumentar sobre o potencial transformador de relações e encontros de qualquer ordem em que o desejo e o afeto estejam envolvidos.

Nesta obra, novamente Jung retoma Freud, desta vez de maneira positiva e quiçá quase afetuosa.

> O apego de Freud ao fenômeno da transferência se tornou claro para mim em nosso primeiro encontro em 1907. Depois de uma conversa que durou muitas horas, houve uma pausa. E inesperadamente ele me perguntou: "O que você acha da transferência?" Eu respondi com a mais profunda convicção que era o alfa e o ômega do método analítico, ao que ele disse "Então você captou a coisa principal" (JUNG, 2011, OC vol. XVI, §358).

Embora a todo momento esteja falando sobre a relação analista-analisando em sua obra, o autor também admite que fala sobre vínculo, afeto e uma relação profissional pontuada por momentos profundamente pessoais. Estou aqui resgatando a psicologia do encontro relatada fartamente na obra por ela se tratar da sexualidade em sua dimensão simbólica, metafórica, o que é precisamente o direcionamento de Jung sobre como deveríamos executar a leitura dos símbolos com os quais lidamos. Embora em *Psicologia da Transferência* não haja qualquer relato sobre sexo, a apresentação da ideia de relacionamento e encontro como fundamentais à individuação e a elaboração do termo *coniunctio* podem facilmente pertencer às imagens concernentes ao campo da sexualidade. Mesmo nas imagens alquímicas que o autor utiliza, observamos o encontro de corpos para ilustrar as imagens de relação e desenvolvimento psíquico. Nesta exposição, Jung parece afinal levar a sexualidade à sua leitura mais abstrata, sem traduzi-la em outra coisa que não um sistema transformador de desejos e afetos cuja materialidade se expressa nas imagens escolhidas por meio da alquimia. O autor ressalta o propósito da união entre eu e outro, articulando a função religiosa da psique que identificou a pulsão sexual proposta pelo pai da psicanálise. Assim, Jung alcança uma compreensão que abarca tanto o fenômeno da sexualidade como a religiosidade, sem precisar negar qualquer dos dois para sua formulação teórica.

Sexo e gênero: junguianos e pós-junguianos

Os primeiros autores que sucederam os estudos de Jung na psicologia analítica se dedicaram ao estudo do erótico, desde sua esposa que se debruça sobre tema do par *anima-animus* (EMMA JUNG, 2020), ao estudo do mito de Eros e Psiquê por Neumann (2017) e às indagações de Kast (2011) sobre contos de fadas que versam sobre o amor, empreendendo amplificações simbólicas sobre o tema.

Emma Jung (2020) versa sobre o par *anima-animus* mantendo as proposições originais de Jung como figuras inconscientes contrassexuais que fazem uma conexão entre consciência e inconsciente profundo. A autora enriquece a teorização original de Jung com uma série de exemplos do funcionamento deste suposto par em sua obra, a primeira a ser lançada a respeito do assunto, *Anima e Animus*. Neumann (2017) e Kast (2011) tomam o par *anima-animus* por sua dimensão arquetípica, buscando em mitos e contos de fadas ilustrações do funcionamento psíquico que corroboraria a existência destas figuras propostas por Jung.

Em *O Asno de Ouro,* Von Franz (2014) admite que o mito de Eros e Psiquê parece nos dizer mais sobre as imagens da *anima* no inconsciente do homem em vez de aspectos de uma relação erótica ou amorosa propriamente dita. A autora assume, assim, a possibilidade de que um autor condicionado historicamente por sua compreensão a respeito de si, identificando-se como um autor homem, pode facilmente relatar os dramas de mulheres como se fossem reais, embora esteja mesmo versando sobre suas fantasias inconscientes a respeito das mulheres e do feminino.

Hillman (1984) aborda em seu *Mito da Análise* tanto a perspectiva erótica do relacionamento como, no ensaio final, algumas considerações sobre a sexualidade. O autor nos apresenta a figura mitológica de Dioniso e sua bissexualidade com o objetivo de apresentar a possibilidade de uma multiplicidade arquetípica da sexualidade, já questionando a norma heterossexual que se operacionaliza na escolha dos autores que privilegiam mitemas de relações entre personagens de sexos opostos.

De todo modo, vemos na maioria destas obras um viés pela abstração do sentimento e do amor sensual em favor de um impulso erótico pensado como caminho para o desenvolvimento da personalidade. A sexualidade como encontro de corpos, imersa no mundo sensível dos toques, cheiros e ruídos, se mostra predominantemente ausente de todas as explorações dos primeiros autores a estender a psicologia junguiana para além de seu autor original. O desejo pelo outro é lido em grande parte pela perspectiva projetiva de uma necessidade da psique de conhecer o outro desconhecido pela consciência. No limite deste pensamento, podemos até mesmo indagar se o outro efetivamente existe. O debate sobre o corpo e a materialidade perde espaço para a compreensão do sentido e do propósito presentes no encontro, no erotismo e no amor.

Em 1989, Hopcke (2002) publica *Jung, Junguianos e a Homossexualidade.* O autor critica a falta de trabalhos e exploração deste tema na psicologia analítica. Seu livro gerou pouca repercussão e foi pouco citado entre seus pares. Em 1993, o mesmo autor organizou a edição de *Same Sex Love and the path to wholeness* (HOPCKE, 1993), no qual diversos autores debateram em seus artigos aspectos da homossexualidade masculina e feminina. Downing (2006) publicou *Myths and Mysteries of Same-Sex Love* também no final da década dos anos 1980, usando o método de Jung da amplificação simbólica por meio do estudo de mitos greco-romanos para explorar a ideia do amor e do sexo entre pessoas do mesmo gênero. A literatura junguiana sobre sexualidade continua a se expandir por meio de autores LGBTI+s, como vemos em *Men in Love: Homosexualities from Ganymede to Batman* publicado por Lingiardi (2002) e, no Brasil, o artigo de Barcellos (2011) publicado nos Cadernos Junguianos, *O Amor entre Parceiros do Mesmo Sexo e a Tragédia da Homofobia.* A literatura LGBTI+ na psicologia analítica detém sua atenção muito mais nas questões de identidade e sexualidade, usando primariamente mitemas e imagens de mitologias e religiões ocidentais que retratam o amor e o sexo entre divindades e humanos do mesmo gênero (parceiros homem-homem e mulher-mulher).

Para se pensar a relação entre psicologia analítica - junguiana e pós-junguiana - e questões de gênero e de sexualidade, é fundamental que pensemos sobre a relação indivíduo e sociedade/cultura de forma geral. Em 1996, Alschuler (2011), por exemplo, faz apontamentos críticos ao analisar algumas obras de Jung. Escancara a) o exagero das causas psicológicas dos fenômenos políticos (a cura da cisão na psique humana originar-se-ia da retirada das projeções da sombra); b) a ênfase excessiva na realidade da psique (interior) e a não-ênfase na realidade da política (exterior); c) a patologização da política:

Jung considera que os movimentos de massa políticos são resultado da cisão patológica entre o consciente e o inconsciente.

Um passo fundamental para uma psicologia analítica contemporânea, é dar-se conta de como (até hoje) frequentemente se enxerga o outro como sendo, por exemplo, a mulher, o *queer*, o transexual, o não-binário, enfim, os desviantes. Isto é, tomar o homem branco cis heterossexual e adaptado à sociedade capitalista como padrão ou norma, é uma armadilha colocada por diversas áreas do conhecimento.

Entrando no pensamento pós-junguiano sobre gênero, temos as importantes colocações de Andrew Samuels em fins dos anos 1980 e início dos 90. O autor questiona o postulado de Jung de que haveria algo como uma psicologia inata *feminina* ou *masculina*. Homens e mulheres têm experiências que variam acentuadamente. Mas entre isso e afirmar que eles funcionam com discrepância psicológica, há uma enorme distância – o que não nos permite falar de duas psicologias distintas. Nosso interesse enquanto psicoterapeutas deve ser em *como* é uma mulher, e não *o que* ela é. Não devemos procurar pela estrutura arquetípica e inabalável do mundo da mulher, mas a experiência pessoal da mulher no mundo de hoje (Samuels, 1992).

Samuels (1992) ainda lança uma interessante questão referente à identidade sexual, afirmando que a incerteza frente a tal identidade pode até se revelar um antídoto necessário para a certeza quanto à mesma, e tem sua própria contribuição criativa para dar - de certa forma, o autor está questionando o binarismo e a divisão hetero/homossexual.

Inadvertidamente, aqueles que propõem um *princípio feminino* favorecem e repetem a dinâmica da certeza inconsciente quanto à identidade sexual, enquanto negam a incerteza. A omissão do papel contínuo da cultura prevalecente na construção do *feminino* pode gerar uma confusão entre o que é entendido como eterno e o que é comumente observado como tal. É aqui que se sente o peso morto da herança da teoria dos arquétipos, como imagem especular do problema posto por Jung; isto é, o problema não é a teoria dos arquétipos em si, mas sim o uso que se pode fazer da mesma, quando desavisadamente toma-se o arquétipo como o solavanco eterno e imutável que nos aponta para a essência para a qual deveríamos nos entregar (Samuels, 1992).

Nos anos 1990, Rachel Pollack (1995), autora transexual, traz importantes reflexões sobre o fenômeno da transexualidade, em artigo desbravador no campo da psicologia analítica. Enxerga a transexualidade do ponto de vista da paixão, não da lógica. Em sua paixão, segundo ela, a pessoa já se considera do outro sexo que não o biológico. As mudanças hormonais e cirúrgicas ocorreriam mais no sentido de uma confirmação do que uma transformação.

Transexualidade é uma aproximação moderna para uma condição tão antiga e generalizada quanto a humanidade em si. A pessoa transexual mudaria o corpo para preencher uma imagem interna do *Self*. Nossa cultura, no entanto, crê em causas, em visões únicas de normalidade. Pollack (1995) mostra que transexuais, como qualquer pessoa, tendem a acreditar nessa ideologia. Podem se preocupar por anos pelo que causou seu suposto problema e gastar mais anos na esperança de que um psiquiatra possa consertá-la.

A saída disso começa com o se dar conta de que ninguém pode os curar por serem eles mesmos. Mas isso é um senso comum; para fazê-lo realmente eles podem ter de descobrir e *abraçar a deusa* dentro de todo desejo poderoso de transexualidade. Significativamente, mais e mais transexuais começam a descrever suas experiências como *religiosa* (Pollack, 1995). A autora trará no artigo diversas imagens míticas que se relacionam com a transgeneridade.

Pollack (1995) faz apontamentos que hoje nos parecem evidentes, mas são pioneiros no universo junguiano da época. Critica uma sociedade baseada no monoteísmo, pois alguém nascido com um pênis é visto como homem, desejará mulheres quando crescer, e exibirá comportamento masculino. Nossa cultura atribui toda modificação desse padrão à doença, educação distorcida ou dano genético. Contudo, ela já chamava a atenção para o fato de que homens e mulheres transexuais demonstram a interdependência de quatro fatores separados: sexo anatômico, identidade de gênero, preferência sexual e papel de comportamento.

O argumento de Pollack parte da relação entre o fenômeno da transexualidade e o *Self*, produzindo um caminho potente para a individuação. Trata-se de uma aproximação com o campo da experiência numinosa/divina dentro dos estudos junguianos. Ela parece se opor à ideia de que a transformação no corpo é física e/ou identitária, por isso a compara a uma profunda experiência religiosa. Ou seja, é um ponto de vista específico, diferente do que adotaremos aqui, este mais ligado ao diálogo da psicologia com a filosofia, com a história e com a sociologia.

Ainda nos anos 1990, Polly Young-Eisendrath (2002, p.217), ao comentar a teoria junguiana da contrasexualidade, ressalta que Jung "[...] peca por seu essencialismo, mas é clara em relação a seu domínio psicológico. Esta condição cria um Outro interior, uma subpersonalidade inconsciente". Para a autora, tal subpersonalidade teria vida própria, frequentemente dissociada e projetada no sexo oposto, num fetiche ou num aspecto do mundo, a fim de defender o *Self* da ansiedade e do conflito.

Algumas estratégias teriam sido então propostas pelos pós-junguianos para revisar a teoria de anima-animus de Jung. Uma delas seria assumir que a identidade de gênero é flexível e que todos, homens e mulheres, têm tanto anima quanto animus, reconhecidos como feminilidade e masculinidade prototípica inconsciente. Outra proposta seria assumir que o gênero é flexível, mas que a divisão em dois sexos não é, e consequentemente manter a ideia de anima e animus como complexos inconscientes do *sexo oposto*, imagens afetivamente carregadas dos outros à medida que surgem no indivíduo, na família ou na sociedade (Young-Eisendrath, 2002). Ou seja, a imaginação que temos do *outro*, interno ou externo, passa pela divisão em sexos; anima e animus como pontes para este outro não é necessariamente um reducionismo.

Na escola inglesa de psicologia junguiana, são publicados estudos com foco no gênero e no desenvolvimento da personalidade generificada. Isay (2009) publica em 1989 *Being Homosexual* e debate extensivamente a formação e desenvolvimento da personalidade em pessoas que se identificam como homens gays. Tyminski (2019) nos traz mais recentemente suas pesquisas em relação à identidade masculina em termos mais amplos, ressaltando os riscos da personalidade masculina apresentar agressividade exacerbada e delinquência em casos de um desenvolvimento aquém do desejado. Na Austrália, Tacey (2013) em 1997 publica *Remaking Men*, explorando a identidade de gênero masculina a partir da psicologia arquetípica, explicitando os inúmeros conflitos experimentados pelos homens ao longo de suas vidas e discorrendo sobre as imagens relacionadas ao pai.

A identidade de gênero feminina e a exploração de personagens mulheres em mitologias é objeto de estudo na psicologia junguiana há muito mais tempo. Neumann (2000) relata o *Medo do Feminino* ainda nos anos 1950, acompanhado posteriormente por outros autores junguianos clássicos como Marion Woodman, Jean Shinoda-Bolen, Esther Harding e John Sanford que publicam ensaios sobre a assim chamada psicologia feminina, geralmente e numa perspectiva de amplificação simbólica a partir da mitologia grega. Os temas de medo, retorno do feminino e o feminino interior em homens e mulheres é extensamente debatido, frequentemente associando o impulso erótico e relacional ao que se atribui como feminino. A premissa da psicologia junguiana destes autores também é uma hipótese repressiva do feminino que precisa ser resgatado com vistas à individuação, iniciando-se com Neumann (2000) e se estendendo por meio destes autores nas décadas seguintes ao falecimento de Jung em 1961.

Todo este material não questiona a ideia do que é um homem ou uma mulher, mantendo a discussão no que ocorre após a designação de gênero e sexo em uma criança. Podemos refletir, com as contribuições obtidas a partir da filosofia e da teoria social mencionadas na Introdução deste livro, o porquê do par homem-mulher ser descrito como um dado de uma suposta realidade universal e trans histórica, em vez de serem metáforas elaboradas pela cultura e pelo indivíduo em um dado momento do tempo, como sugeriria um pensamento junguiano mais rigoroso. É interessante que, para iniciar as discussões sobre o feminino, o que se nota nas obras acima citadas é a eleição de personagens mulheres para que sejam analisadas suas personalidades.

Os autores partem do princípio da existência ou do par homem-mulher, ou do par masculino-feminino, para discorrer sobre o desenvolvimento dos aspectos destes eixos. Veremos, mais à frente, que a existência da transexualidade não é tratada da mesma forma, podendo mesmo ser considerada uma fantasia neurótica resultante de um desenvolvimento conflituoso de uma pessoa ao lidar com estes pares. A hipótese de questionamento dos próprios pares parece não ganhar espaço neste debate.

No início dos anos 2000, Rowland (2002) publica sua revisão feminista do pensamento junguiano. A autora resgata aspectos da própria teoria que ressaltam os avanços de Jung ao propor um enquadramento teórico para o gênero. A autora mantém a ideia de princípio feminino e, num momento posterior, Rowland (2016) também se atém às imagens mitológicas para indicar saídas para uma suposta exacerbação da polarização masculino-feminino, sugerindo o mito de Dioniso como uma possibilidade criativa para repensarmos masculinidades e feminilidades. Noto sua importante conclusão na revisão feminista da obra de Jung, na qual Rowland (2002, p. 158), embora considere alguns conceitos junguianos úteis para pensarmos a contemporaneidade, afirma que "em relação a gênero é que Jung está em sua forma menos pós-moderna". A autora parece ser uma das únicas vozes a criticar o pensamento junguiano mais marcadamente, denunciando os limites das propostas da psicologia analítica enquanto também ressalta os avanços e as possibilidades criativas desta abordagem teórica.

Em artigo do *Journal of Analytical Psychology* publicado em 2006, a psicóloga junguiana S. McKenzie traz interessantes reflexões acerca do gênero e da sexualidade. Afirma que o universo *queer* de gênero e sexualidade nos move para além da oposição binária de masculino/feminino em nosso entendimento de gênero e expande o sentido de sexualidade. Na expressão da autora, os *outros queer* – aqueles que confrontam a posição tradicional do *um* –, nos forçam a examinar e transcender nossos pressupostos sobre a universalidade da heterossexualidade e começar a tecer uma nova aproximação junguiana sobre gênero e sexualidade.

Para a autora, a transexualidade estaria na ponta extrema da experiência transgênera: neste caso, o gênero e a sexualidade residem nas fronteiras da cultura ocidental e ressoa com a teoria pós-moderna *queer*, que nega identidades fixas e põe em suspeita as presumidas relações entre sexo biológico, gênero e desejo sexual (McKenzie, 2006).

Em sua experiência clínica, McKenzie (2006) conclui que a relação de alguém com seu próprio corpo que chamamos gênero é uma experiência corpo/mente sentida desde muito cedo. É expansível por toda a vida e não necessariamente relacionada à anatomia sexual da pessoa.

Apesar do importante diálogo da autora com ideias do fim do século XX, não concordamos com a afirmação acima, pois em nosso entendimento a experiência transgênera é múltipla, não sendo a *extremidade* da transexualidade. McKenzie parece supor a transformação corporal como algo radical e mais além dos códigos simbólicos (como roupas e adereços, por exemplo). No entanto, a radicalidade ou extremidade nos parece algo subjetivo, não sendo possível pensar em extremidades e pontos numa espécie de escala de transição na qual a intervenção no corpo (hormônios, cirurgia) seria o recurso mais definitivo.

De acordo com a autora, os complexos de gênero também emergem numa relação dinâmica de artefatos culturais de crenças de gênero, os mitos culturais de gênero nos quais nascemos. Teorias da mente contemporâneas sugerem que o senso de gênero emerge bem cedo no desenvolvimento, a partir de um processo auto organizador.

O sentimento de gênero seria um aspecto emergente da mente, e não uma herança arquetípica, e o corpo experimentador seria crucial para a emergência do gênero. Se contamos uma história sobre nós mesmos apoiados numa consciência egoica bem desenvolvida, e ela nos leva a uma identidade, o ideal seria que ela nos pusesse em íntima relação com nossos sentimentos corporais iniciais – caso contrário, não nos sentimos *verdadeiros*. Tais sentimentos são influenciados por nossas experiências afetivas básicas, e nossa interação com as crenças culturais (Mckenzie, 2006).

Como principal publicação no mundo a respeito da psicologia analítica, dos anos 2010 em diante vemos um aumento significativo de artigos temáticos sobre gênero e sexualidade no *Journal of Analytical Psychology.* Miller (2010), Boland (2017) e Marsman (2017) trazem contribuições sobre identidade e abordagem terapêutica de pacientes LGBTI+s, respectivamente.

M. Marsman aponta que, enquanto a manifestação da transgeneridade como fenômeno cultural parece se basear numa tendência coletiva ligada às sensações (a vivência corpórea e literal do outro em mim), e a transformação de um sexo para outro visto como uma forma chocante da expressão humana, sua emergência representa, por outro lado, uma mudança coletiva em direção a uma forma nova ou diferenciada de experimentar e expressar sexo e gênero: estamos diante de um movimento da alma do mundo. O que essa alma quer quando procura o outro sexo, o não dado pela natureza mas que faz uma convocação psíquica e social ao mesmo tempo?

Como aponta Marsman (2017), por causa da fixidez assumida do gênero, muitos teóricos de gênero consideram a cultura como apegada ao binário macho/fêmea socialmente construído, ainda que não-essencial. Para o autor, não podemos na verdade escapar deste binarismo. O dual (*two-ness*) tem uma base arquetípica contra o qual se mede a própria experiência. Pessoas não-transgêneras se identificam tipicamente com um aspecto particular do binário. A transgeneridade nos permite re-visar o gênero como um espectro, mas como esfera em vez de linear, com a experiência de gênero individual sendo uma mistura específica de macho/fêmea que está separada da forma corporal do papel de gênero; todos poderíamos estar localizados em pontos diferentes ao longo da esfera, talvez até mesmo experimentar pontos cambiáveis com o tempo.

Withers (2020) publica sobre tratamentos farmacológicos e suas consequências na população transexual, discorrendo sobre um caso no qual lamenta a opção farmacológica do paciente que, supostamente, ilustraria um ímpeto de concretização do símbolo no corpo. No volume 4 da edição de Setembro de 2021, a revista apresentou quatro artigos a respeito da população transexual, uma quantidade inédita de produção acadêmica a respeito de sexualidade. Marchiano (2021), neste volume, traz a perspectiva da identidade de gênero como uma fantasia neurótica cuja função residiria em restabelecer o contato com o divino por meio de uma doença localizada no corpo.

O volume de Setembro de 2021 torna-se um documento histórico de relevância por identificar as inúmeras discordâncias entre os autores que compõem a edição. Herdzik (2021) responde ao artigo de Marchiano (2021) criticando o uso do termo disforia de gênero pela autora e também a tentativa de Marchiano em estabelecer vínculos causais que expliquem a transexualidade a partir de eventos traumáticos na história de vida do indivíduo. Marchiano (2021) defende a perspectiva clássica junguiana da função religiosa aplicada ao problema da disforia de gênero, ao passo que Herdzik (2021) afirma a expressão de gênero como faceta criativa da psique. Ainda que possamos elogiar a abertura do comitê editorial para o amplo debate a respeito do tema, a proposição de novas compreensões ainda se mostra tímida. O que se vê na maioria dos artigos é a repetição do pensamento de que a sexualidade vivida por meio da materialidade do corpo é uma concretização ou uma literalização que não pôde ser expressada de forma simbólica ou metafórica.

Herdzik (2021) é a primeira autora a fazer uma crítica contundente ao pensamento junguiano explorado nos demais artigos, ao afirmar que há um problema quando dizemos que

> O analista não deve nem afirmar nem confirmar a identidade de gênero de alguém, considerando que esta identidade pode ser inválida ou algum tipo de sintoma em vez de uma identidade legítima. A dificuldade é que não afirmar ou questionar uma identidade não é um ato neutro. Não reconhecer a identidade de uma pessoa é, na verdade, prejudicial aos indivíduos (Herdzik, 2021, p. 834).

A autora é também a primeira a oferecer um raciocínio distinto de Withers (2020), Marchiano (2021) e outros que se apoiam em aspectos teóricos para evitar a legitimação do processo transexualizador, seja por intervenções farmacológicas ou cirúrgicas. Herdzik (2021) finaliza seu pensamento afirmando que este tipo de pensamento na comunidade junguiana surpreende e que patologiza a transexualidade, o que não é compartilhado pela comunidade médica de forma mais ampla.

É interessante notar que o pensamento junguiano mais tradicional parece executar a mesma manobra que a psicanálise de outrora, quando esta construía seu raciocínio para resultar que em qualquer fenômeno poderíamos localizar a imagética sexual e, portanto, validar a ideia de Freud de que toda libido teria a qualidade sexual. O pensamento junguiano parece, muitas vezes, caminhar pela ideia de que todo fenômeno pode ser desconstruído para identificarmos a função religiosa da psique e seus objetivos abstratos e metafóricos. Quando retornamos à realidade material do corpo, tudo o que não é metaforizado parece rebaixado a uma experiência de pouca elaboração ou fantasia neurótica. Tomada em seu limite, essa hipótese rechaça a matéria como dimensão válida e criativa, precisando sempre abstraí-la para legitimar seu valor.

Este mecanismo do pensamento é exatamente igual à tentativa da psicanálise originária de afirmar a sexualidade em todo e qualquer lugar, apenas substituindo a sexualidade pela dimensão abstrata e simbólica da psique. Em outras palavras, ao percorrer os artigos recentes sobre transexualidade no *Journal of Analytical Psychology*, resta a percepção de que o corpo em sua materialidade não relata uma verdade da psique em si, mas uma dimensão do espírito que ainda precisa ser revelada. O resultado deste pensamento é o impedimento de observar a transexualidade como qualquer coisa que não seja doença, já que as alterações no corpo são vistas como uma dificuldade na elaboração simbólica.

Cabe ressaltar também que a psicologia analítica parece padecer de uma dificuldade em se debruçar sobre o fenômeno da heterossexualidade. A sexualidade é explorada por autores LGBTI+s e a transexualidade parece captar a atenção de alguns autores junguianos da contemporaneidade. Causa estranhamento, contudo, a falta de literatura sobre o desejo heterossexual, suas variações e suas práticas. Katz (1996) afirma que não falar sobre ideias e práticas hegemônicas é uma estratégia para reproduzi-las e poupá-las do debate. No campo junguiano, caberia pensarmos se não ocorre o mesmo: a compreensão da transexualidade por meio de uma perspectiva heterossexual não resultaria na visão de que todos os desejos dissidentes são doenças? A continuidade do debate e a explicitação das premissas que constroem tais visões podem nos levar a avançar nessa discussão.

Por fim, é relevante destacar a persistência do pensamento oposicional na apresentação do raciocínio teórico e clínico nas publicações já citadas. O esquema *um ou outro* parece se sobrepor a possibilidade de pensarmos na multiplicidade da psique, mantendo-nos numa tensão entre opostos nos pares homem-mulher e masculino-feminino. Mesmo os autores LGBTI+s na psicologia analítica parecem se manter dentro dessa estrutura. Podemos pensar que tais autores discorrem mais sobre a homossexualidade masculina e feminina que propriamente as identidades mais dissidentes da norma heterossexual como a população trans, *queer* e outras configurações.

As identidades e discursos não-binários nos trazem o novo desafio de pensarmos uma psique fora da existência que se forma a partir de uma tensão entre dois opostos, seja ela caracteriza pelo par masculino-feminino ou pelo par hétero-homo. É menos desafiador acomodar o desejo homossexual dentro de uma teorização que preserve o ideário de homem e mulher como verdades últimas as quais não cabe questionamento e que podem se ancorar em pressupostos biológicos. O que se revela, entretanto, é a manutenção do pensamento binário inconsciente que terá enorme dificuldade em legitimar existências que fujam à sua estrutura original de dois termos.

Permanecemos na carência de uma perspectiva transjunguiana que possa nos esclarecer a respeito de outras possibilidades de formação e desenvolvimento da personalidade. É evidente que esta insuficiência não acomete apenas a psicologia analítica, mas se constitui como sintoma coletivo de um fenômeno que emerge com mais força em nossos tempos, assim como seu próprio questionamento. Não obstante, trata-se de um desafio que precisa ser enfrentado com coragem dentro desta abordagem teórica.

A psicologia analítica fornece justamente as ferramentas para pensarmos como o fenômeno se constitui na psique coletiva, e por meio da teoria dos complexos culturais, podemos afinal nomeá-lo: trata-se do complexo heteropatriarcal.

Referências

BEAUVOIR, S. O Segundo Sexo. Rio de Janeiro: Nova Fronteira, 1949.

BUTLER, J. Problemas de Gênero - Feminismo e Subversão da Identidade. Rio de Janeiro: Civilização Brasileira, 2023.

FRIEDAN, B. A Mística Feminina. São Paulo: Rosa dos Tempos, 1963.

GREENSON, R. (1998). Des-identificação em relação à mãe: sua especial importância para o menino. In: O enigma dos sexos. Dana Breen (Org.). Rio de Janeiro: Imago, pp. 263-269.

HOPCKE, R. H. Jung, junguianos e a homossexualidade. São Paulo: Siciliano, 1993.

JUNG, C. G. *Psicologia do inconsciente.* Obras Completas, vol. VII/1. Petrópolis: Vozes, 2004.

JUNG, C. G. *Psicologia e religião*. Obras Completas, vol. IX/1. Petrópolis: Vozes, 2008.

JUNG, C. G. *Símbolos da transformação.* Obras Completas, vol. V. Petrópolis: Vozes, 2011.

JUNG, C. G. *Freud e a Psicanálise.* Obras Completas, vol.

IV. Petrópolis: Vozes, 2011.

JUNG, C. G. *Estudos experimentais.* Obras Completas, vol. II. Petrópolis: Vozes, 2012.

JUNG, C. G. *Ab-reação, análise dos sonhos e transferência.* Obras Completas, Vol. XIV/2. Petrópolis: Vozes, 2012.

KOYAMA, E. *The transfeminist manifest.* Eminism.org, 2001. Disponível em: <http://eminism.org/readings/pdf-rdg/tfmanifesto.pdf. Acesso em: 6 jul. 2013.

LAPLANCHE, J. *Le genre, le sex, le sexual.* In: Chabert, C. (org.) Sur la théorie de la seduction. Paris: Édition In Press, 2003.

LAQUEUR, T. *Inventando o Sexo - Gênero e corpo dos Gregos a Freud.* Rio de Janeiro: Relume -Dumará. 2001.

MONEY, J. *Hermaphroditism, gender and precocity in hyperadrenocorticism: psychologic findings.* Bull. Johns Hopkins Hosp., n. 96, pp. 253-264, 1995.

MARSMAN, M. A. *Transgenderism and transformation: an attempt at a Jungian understanding.* Journal of Analytical Psychology v. 62, p. 678-687, 2017.

MCKENZIE, S. *Queering gender: anima/animus and the paradigm of emergence.* Journal of Analytical Psychology v. 51, p. 401-421, 2006.

MILLET, K. *A Política Sexual.* Lisboa: editora Dom Quixote, 1968.

POLLACK, R. *Aphrodite – transsexual goddess of passion.* Spring Journal, v. 57, p. 1-16. 1995.

RUBIN, G. *O tráfico de Escravo: Notas sobre a Economia Política do Sexo.* Dissemination: Londres: Duke University Press, Durham & London, 2011.

SAMUELS, A. *A psique plural: personalidade, moralidade e o pai.* Rio de Janeiro: Imago, 1992.

STOLLER, R. *A experiência transexual.* Rio de Janeiro:

Imago, 1982.

TACEY, D. *Remaking Men. Jung, spirituality and social change*. New York: Routledge, 1997.

VIEIRA, H. *Introdução a História dos Feminismos*. Canal Pausa Para o Fim do Mundo. Disponível em https://www.youtube.com/watch?v=Xj_Ic9Jp--4. Acesso em 21.06.23.

WITTIG, M. *O Pensamento Hetero e Outros Ensaios*. Belo Horizonte: Autêntica, 2022.

YOUNG-EISENDRATH, P. *Gênero e contra-sexualidade: a contribuição de Jung e além*. In: DAWSON, T.; YOUNG-EISENDRATH, P. (Orgs.) Manual de Cambridge para Estudos Junguianos. Porto Alegre: Artmed, 2002.

Entre Édipos e Narcisos: Imagens do Inconsciente Hétero

Gustavo PESSOA

I

Toda obra é uma confissão. É deste modo que Jung expressa um importante conceito que pauta seus escritos: a equação pessoal. Quando escrevemos, falamos dos elementos que, mal e porcamente, se equilibram em nós para compor aquilo que chamamos de singularidade. A obra é uma confissão de seu autor a respeito de uma verdade íntima, um ponto de vista único que ele pode ocupar em algum momento do tempo. Não é, portanto, uma descoberta científica; trata-se, antes, de uma descoberta ontológica. A obra revela algo que o autor viu em si e guarda a esperança, banhada em alguma empatia, de que outras pessoas também identifiquem algum traço qualquer daquele algo nas vidas delas. Toda obra é uma grande pretensão.

Butler é uma dessas pessoas que nos ensina a perguntar. Quem se encanta com *Problemas de Gênero* ou *Corpos que Importam*, possivelmente se recorda dos muitos parágrafos em que uma série de perguntas são lançadas numa aceleração vertiginosa do pensamento que nos traz a sensação do prazer intelectual da inquirição. Sua aventura perguntadeira nos dá bússola para desbravar o que não havíamos pensado e ferramenta para nos lançarmos em novas peripécias. Fosse ela a encarar a afirmação de Jung, imagino possível que se perguntasse: "confissão de que?"; "confissão para quem?". Seria uma obra a confissão da verdade do autor, somente, ou, na medida em que o sujeito não existe fora de sua cultura, uma confissão da própria cultura mediada pela voz de um indivíduo? Poderia a voz singular do autor trazer em si a voz de outros não nomeados? Em qual linguagem nós confessamos?

Nos idos do século XIX, Freud iniciou sua épica saga na direção da sexualidade. Com mais ou menos consciência a respeito, o autor trouxe algo caro aos estudos de gênero e sexualidade e suas pesquisas no século XXI: a intelegibilidade do sexo-gênero em sua moldura heterossexualizada. Por meio da Psicanálise, o homem médio de sua época – branco, hétero, europeu e rico – pode trazer à linguagem muito daquilo que antes não conseguia formular. Ainda que pensemos ter Freud confessado suas descobertas a si mesmo ou a seus colegas e discípulos, seu mérito é muito maior: Freud confessou a cultura a ela mesma, inscrevendo na pele da sociedade europeia em seus tempos pré-guerras do século XX aquilo que habitava apenas no inconsciente desse ocidente branco, rico e burguês. Mas o que Freud confessou?

Jung era dado ao pensamento oposicional. Tal como Buber, aquele que via tudo em dois, Jung mais frequentemente imaginava a psique humana como tensionada por dois polos: o conflito era uma cruz para o psiquiatra suíço protestante, na qual as duas pontas pressionavam o corpo ali no meio pendurado. Neste modo de pensar, era comum que se apontasse a função compensatória da psique: um polo compensa o outro. Se estou me sentindo triste, sonho com tempos alegres. Se estou em privação de sexo, tenho sonhos eróticos. Meus ataques de raiva representam, na verdade, a grande impotência que sinto em alterar alguma coisa no meu destino. E por aí seguimos infindavelmente no caminho das compensações promovidas pelo inconsciente. Poderíamos pensar, dentro dessa premissa, que a trama ficcional da Psicanálise compensaria a atitude ultrarracional e desprovida de erotismo do homem europeu. A Psicanálise é filha do racionalismo iluminista ao mesmo tempo que tenta subvertê-lo.

Talvez o maior mérito de Freud tenha sido sua escuta. Como todo homem, ele desejou falar – e falou – incessantemente às suas brancas burguesas que padeciam da tal histeria. Até que levou um belo cala-boca: escute-me, elas disseram. Cale-se e escute, elas reiteraram. E, num momento avesso às masculinidades mais frequentes, Freud se calou e escutou. Fez-se a Psicanálise e toda as teorias e práticas que se seguiram a partir dela.

Ao ouvir a confissão das brancas burguesas de sua época, Freud também confessou. Escreveu prolificamente a respeito de tantas coisas que lhe disseram e aquelas verdades, verdades de um tempo e uma época, finalmente encontraram os ouvidos necessários. Junto com aquelas mulheres, Freud trouxe algo precioso para pessoas que habitam um mundo que passa ao largo do mundo dos poderosos; pessoas sem acesso aos espaços de poder, sem direito à educação e, muitas vezes, sem muita capacidade de decidir acerca das próprias vidas. Assim como as pessoas de sexo-gênero dissidentes de agora, estas eram as brancas burguesas da Europa que encontravam uma nova posição na sociedade: as histéricas, que pouco podiam decidir sobre suas próprias vidas. Mas, ao contrário dos homens, aquelas mulheres haviam, afinal, encontrado *eros*. Gritavam, esperneavam, ou calavam-se, paralisavam-se, encontravam os meios mais esdrúxulos de serem inevitavelmente escutadas. Por uma eficaz estratégia erótica, aquelas mulheres se fizeram visíveis num mundo que tinha (e tem) como objetivo invisibilizá-las.

Tomar a confissão como a linguagem da verdade é um grande perigo. Em suas tentativas múltiplas de conciliar a religião e a psicologia, por diversas vezes Jung alertou sobre o perigo de perdermos a capacidade de avaliar o tamanho das coisas e o tamanho de nós mesmos. A *hybris* humana, essa ideia emprestada do pensamento grego, coloria suas propostas sobre a possibilidade de um certo desenvolvimento psicológico. Nem muito aqui, nem muito acolá: evitar a unilateralidade da psique é um recurso precioso que Jung considerava vital para que pudéssemos perseguir nossa singularidade. Para ele, tratava-se de se equilibrar o tempo todo sobre uma oposicionalidade intrínseca à vida: a tensão entre opostos nos constituiria. Essa solução, ainda que relativizasse a ideia de verdade como um absoluto, para nós é eminentemente derivada de uma epistemologia binária. Uma insistência em enxergar a cisão, a divisão do ser humano como originalmente em dois termos, o que inaugura a ideia de que a primeira diferenciação que um humano sofre é se saber homem ou mulher. Como se nossa divisão fosse apenas uma, gerando como consequência duas resultantes, homem e mulher. De todo modo, ao identificar nossas muitas cisões, nossas variadas limitações, evitamos que nos vejam como descobridores da verdade ou da nossa verdade. Percebemos, na melhor das hipóteses, uma verdade, dentre as inúmeras, muito mais que duas, que habitam em nós.

Se a confissão não é a verdade, mas uma verdade, assim se escapa da *hybris*. Toda obra é confessional e, por isso mesmo, não pode reivindicar o status de uma universalidade. Jung embrenhou-se na questão da universalidade ora aqui, ora acolá. Primeiro, refutou a ideia da libido como aquela de caráter universalmente sexual. Às turras com Freud, tratou de lembrá-lo que a ideia de complexo continha em si mesma a pluralidade: a psique é povoada pelos complexos, não cabendo a um deles ser esse estruturador único e fundamental da psique humana. Negando a universalidade do complexo de Édipo, Jung afirmou uma psique múltipla e plural. Em um lampejo, superou a epistemologia binária que o formou e fundou toda a Psicanálise e tudo o que veio da história europeia. Contudo, pouco tempo depois, trouxe a ideia de arquétipo, o tipo antes do novo, o tipo antigo dos deuses, a imagem que sobrevive ao homem. Afastando-se de seus complexos, abraçando suas imagens arquetípicas, ali retornou às universalidades que antes havia rejeitado.

Mas por que não seria o complexo de Édipo universal? E, sendo um complexo, em qual raiz arquetípica, isto é, a qual universalidade possível, estaria o complexo de Édipo devidamente conectado? Se houvesse Wittig e Butler nos tempos e espaços de Jung daquela época, teria ele as ouvido? Pois Freud escutou as mulheres que o visitaram, enquanto Jung permaneceu orbitado por dezenas delas. Com muitas, se relacionou intimamente. Muitas para ele trabalharam, mas alguma de fato transformou suas ideias? Talvez devamos prestar mais atenção à Toni Wolff, a mulher apagada de Jung. Em todo apagamento resta um segredo. E, como já nos mostrou Bachelard, quem habitou armários e possui cofres bem sabe que segredos existem para serem descobertos. O que Toni Wolff nos confessaria?

II

Eis que a resolução edípica se conecta fielmente ao projeto de família burguesa europeia. As regras de parentesco enunciadas por uma resolução do Édipo são aquelas que cultivamos até hoje: o sacrifício do amor por aquela que é íntima e igual a mim; a expulsão do paraíso dos prazeres imediatos e dos amores garantidos em busca de um novo amor do sexo oposto no mundo lá fora. A resolução do Édipo é condição para a reprodução da família. Com o fim da maldição edípica, pode o indivíduo estar livre para... criar mais uma família burguesa. Seria, assim, a resolução do complexo de Édipo não mais que uma repetição neurótica da cultura? Vista que adequada para a sociedade que cultivamos, haveria uma neurose cultural que se faz passar por individual já que, em nível individual, estaria tudo resolvido? Basta dissolver o Édipo e lograr criar uma nova família? Vida que segue. O problema é que todo sujeito sabe que, na verdade, nada está realmente resolvido. Todos permanecemos divididos. Sequer começamos a nos curar.

A possibilidade de dissolver as demandas do complexo de Édipo na trama social, encontrando novos objetos de amor (do sexo oposto), não é, assim, a tão esperada entrada na sociedade. Antes disso, trata-se de uma continuidade de algo vivido desde que o bebê passa a existir para os pais. Falo daquela famigerada pergunta que inaugura o sujeito, ainda na barriga de sua mãe, aquela pergunta descabida que inicia o processo de intelegibilidade do ser: "é menino ou menina?" Mas, evidentemente, falo também que antes do Édipo veio Narciso e, nas tramas narcísicas, já estamos heterossexualizados. As experiências narcísicas e edípicas se inserem na trama sexual que tem início na primeira pergunta que dirigem a nós, ainda quando estamos sendo gestados por nossas mães. Seria eu menino ou menina?

Curiosamente, ou nem tanto, para os mais atentos, foram nossas Wittigs e nossas Butlers, nossas Tonis, além de toda sorte de mulheres histéricas, que nos revelaram os puídos inevitáveis nas teorias dos homens que, incessantemente, buscaram as universalidades. Parece que pouca coisa instiga mais um homem que buscar as suas verdades universais, as quais ele identifica mais como universais do que suas, produzindo toda forma de *hybris*. Seriam os excessos algo típico das masculinidades? A continência não parece mesmo ser atributo comum nos homens. Há algum tipo de gozo na formulação de teorias gerais, respostas definitivas, encerramentos de possibilidades. Os homens parecem se constituir por essa negatividade: a eles, é um gosto encerrar caminhos, fechar portas, bater em... fiquemos por aqui. O importante é notarmos como esse tipo de pensamento sintético que elimina ou absorve o que está a volta parece algo típico de certa intelectualidade, que ao fim pretende a criação deste grande deus absoluto, o início e o fim de todas as coisas.

Voltemos ao Édipo. O que resta nele é uma teoria luminosa de como o gênero se resolveria sem fissuras nem rasgos. Sem problemas nem falhas. O gênero que se apresentaria como sucesso, ainda que insista na vida real em desempenhar o fracasso. A resultante de um édipo bem resolvido é a continuidade dessa brilhante família burguesa sem lascas nem arranhões, numa ampla casa repleta de armários onde se escondem centenas de segredos. São expectativas e idealizações despedaçadas na tentativa vilanesca de sustentar uma fantasia delirante: o absolutismo monárquico da heterossexualidade. Não podemos nos despojar nem por um minuto da ideia de que o ser humano se diferencia a partir desse primeiro passo: a experiência de um princípio masculino e de um princípio feminino, aquele que organizaria não apenas a humanidade mas todas as coisas, como poderíamos ver pelos pares Sol-Lua, Branco-Negro, Espada-Escudo... como é difícil enxergar as estrelas, as cores, outras armas e armaduras que apresentam o universo de maneira múltipla e infinita, iluminando mais nossa ignorância do que a certeza binária sob a qual aprendemos a nos organizar.

Mas as perguntas de Butler, amparadas na precisa e ácida denúncia de Wittig, nos apontam alguns caminhos. Neles, vemos que antes de Édipo e Narciso – homens, vejam vocês – já havia ali alguma coisa. Havia um projeto e uma meta de como reluziríamos numa sociedade heterossexual indistinta, na qual todos os casais em suas casas de marcenaria teriam seus lindos e educados filhos. Brancos. Ricos.

Halberstam é um dos mais hábeis em notar o quanto as sexualidades dissidentes engoliram e regurgitaram o Édipo. As dissidências demonstram o fracasso do delírio edípico. Todo delírio tem o enorme potencial de ter sucesso, como observamos em algumas ideias estúpidas que perduram pela cultura. Mas o sistema sexo-gênero, com todos os seus sucessos, ainda fracassa em seu objetivo último de constituir um absolutismo conceitual que apague definitivamente o outro-indesejado, outro-diferente, outro-dominado. Ainda que sempre haja uma empresa privada para investir em belos cenários e textos sobre a diversidade, também haverá os fundamentalistas enfurecidos, dispostos a confrontar os dissidentes e até mesmo as empresas que tentam posar de engajadas na mesma medida em que extremistas delirantes sonham em boicotá-las. São os mesmos fundamentalistas que continuam a comer as batatas fritas que essas indústrias produzem. Não há paz possível sem enfrentarmos o problema com transparência e honestidade: todos nos constituímos sobre uma base que provavelmente já não nos serve mais. Estamos todos apavorados com essa possibilidade, desde o mais progressista ao mais fundamentalista dos terroristas do binarismo de gênero.

Há, portanto, um conflito a solta em toda a confusão que se tornaram o édipo irresoluto, aquilo que veio antes e o caos que tem se instalado no depois. É que, como apontaram as autoras de uma teoria *queer*, o mundo já era hétero antes do filho desejar a mãe e imaginar o assassinato de seu pai. O mundo precisou ser hétero para que houvesse mãe e pai e, portanto, nascesse um filho. Teve o mundo que ser muito hétero para que o próprio filho ainda assim sonhasse em partilhar a vida com apenas uma mulher, a sua querida mãe. Poderia essa imaginação sem graça realmente se sustentar? Falta ao Édipo uma saída aos modos *drag queen*: potente, criativa, espalhafatosa e satírica. Uma saída que subverta o sistema de fato e produza algo genuinamente novo. A saída do édipo burguês gera neurose e repetição porque ele não é algo que constitui, ele já é a repetição. O Édipo é o complexo que gera a si mesmo. O complexo que faz complexo. O Édipo é, vejam vocês, incestuoso. Quem poderia imaginar tamanha ironia?

III

A confissão das psicoterapias parece se relacionar com uma máxima freudiana: o eu não é o senhor em sua própria casa. A Psicanálise teria confessado o inconsciente à sociedade, mas do que seria feito esse inconsciente? Para a Psicanálise, o recalcado dos costumes, as proibições, as pulsões inadequadas à tarefa da construção de uma civilização, todas comporiam os conteúdos desse inconsciente. O drama das pulsões humanas versus a civilização seria a base constitutiva do inconsciente, encobrindo a angústia e o desamparo inerentes à existência indomada. Novamente, vemos uma articulação tipicamente patriarcal, situada na epistemologia binária ocidental. Muitos problemas surgem dessa concepção de inconsciente. Quando um sujeito estrutura sua singularidade escapando precisamente desse conflito, ocupando um lugar limítrofe, constituindo-se como o próprio monstro incivilizado, nos levando à experiência da abjeção, teria ele estes conteúdos recalcados? Deixaria este sujeito de ser humano? Afinal, não estaria sua própria consciência representando aquilo que Freud afirmou pertencer e constituir o inconsciente em primeiro lugar? E, se a consciência do sujeito estranho, monstro, abjeto, isto é, se a consciência *queer* ocupa o lugar do inconsciente freudiano, qual seria o inconsciente de uma consciência *queer*?

Nesse sentido, o inconsciente junguiano nos oferece caminhos interessantes. Para Jung, o inconsciente seria lugar do reprimido, mas também do esquecido e do desconhecido. Essa triangulação entre repressão, esquecimento e desconhecimento formam um inconsciente que é não apenas concomitante, mas anterior ao sujeito e também à formação da consciência. Para Jung, a consciência emerge a partir de um inconsciente que existe indiferenciadamente no indivíduo antes que este seja singularizado como sujeito. Não que a noção de inconsciente de Jung não traga consigo seus problemas. Estaríamos falando, primeiramente, de uma estrutura universal na constituição do sujeito que se apresenta antes da experiência histórica desse mesmo sujeito. A teoria junguiana, portanto, advogaria por uma visão sem história, anti-histórica ou trans-histórica do sujeito?

Seria possível pensarmos o inconsciente junguiano como o inconsciente da própria história? Quando imagina um inconsciente coletivo, Jung apresenta as imagens que insistem em se repetir ao longo do tempo, as imagens que sobrevivem e se repetem no tempo. Aquilo que povoa o inconsciente coletivo junguiano não é uma invenção, tampouco uma metafísica, o que poderia preocupar Butler. A ambição e a ousadia de Jung residem na capacidade de imaginar um *locus* para tudo aquilo que foi esquecido e reprimido ao longo do tempo histórico da humanidade, ou mesmo jamais propriamente conhecido. É nessa perspectiva do inóspito, às vezes rejeitado e frequentemente estranho que se apresenta como o próprio inconsciente da humanidade. Tal inconsciente não está apartado da história, mas é evidenciado pela própria história na qual ele pode ser observado pela repetição das imagens carregadas pelo tempo e identificadas pelos afetos que despertam. O inconsciente dos arquétipos é o inconsciente dos afetos que não morrem, persistem no tempo por meio de cada sujeito que é tocado por essas imagens. Algo na tessitura de nós humanos é tocado pelas mesmas imagens, carregadas dos mesmos afetos. Em algum ponto da história da psicologia, o ímpeto biologizante nos levou a imaginar essa repetição como algo genético. Procuramos no corpo científico, no corpo das pesquisas anatômicas e da análise dos médicos, a resposta para algo que pode ser melhor visto como histórico: as experiências humanas se repetem por povos e culturas, tendem a despertar afetos que formam e carregam imagens para nós que tornam a realidade inteligível para a experiência humana. Se ousarmos considerar essa perspectiva, então o arquétipo é profundamente histórico.

Mas qual é a utilidade, para uma psicologia contemporânea, na imaginação dos arquétipos como um fenômeno histórico? Em primeiro lugar, a ideia de um inconsciente coletivo que é o próprio inconsciente histórico nos permite compreender a psique como uma existência material. A imaginação transcende a individualidade no sentido de que ela se faz no contato com o mundo, sua história e seus espaços, seus encontros e seus limites. É na materialidade do mundo que o material humano é feito. Tomando as coisas dessa forma, tudo o que é material volta a nos interessar. O passado longínquo, ainda que arquetípico, nos diz menos do que uma genealogia dos nossos afetos, buscando na ancestralidade material chaves de interpretação para que possamos compreender melhor nossos processos e formular novas possibilidades de ser. Nós somos parte do corpo de todos aqueles que vieram antes de nós e carregamos reminiscências de toda a história humana, ainda que vivenciemos em lampejo um tipo de experiência como essa.

As relações materiais atuais ganham novas cores numa perspectiva de um inconsciente histórico. Se a psique é material e histórica, os processos de poder e dominação que levaram ao estado das coisas que vivemos também são os processos constitutivos da psique. As imagens míticas importam na medida em que se relacionam aos processos sociais, culturais e políticos que contam a história da humanidade. A mitologia desprovida de seu contexto material é um conjunto de imagens dadas a interpretações apolíticas e, portanto, inúteis para entendermos o sofrimento de seres humanos que vivem em realidades sociais, históricas e, por conseguinte, políticas. O inconsciente histórico resgata as dimensões de cultura, sociedade e política necessárias para uma nova epistemologia do sofrimento humano que possa nos ajudar em nossa prática da escuta.

Mas, se empreendermos a psicologia dessa forma, resta ao complexo de Édipo alguma utilidade? O que daria ao Édipo um contexto em que ele possa ser mais do que uma história que reflita os modos sociais de famílias heteropatriarcais que, por séculos, foram as constituintes das normas sociais e detentoras dos poderes políticos? Precisa ser o Édipo nossa sequência de imagens que nos devolverá a consciência de nosso estatuto como sujeitos divididos? Novamente, quem nos areja os olhares é Butler, por meio de uma personagem razoavelmente conhecida: Antígona.

IV

O complexo de Édipo se refere à compreensão do ser humano dividido entre suas pulsões e a sociedade que se apresenta a ele. Civilizar-se ou ceder às paixões incestuosas? Diferenciar-se ou se encerrar na endogamia do amor infinito que assim foi imaginado? O personagem do mito, Édipo, o que fez ele? Tal como muitas leituras mitológicas, a imaginação psicológica do complexo de Édipo se refere apenas a uma parte da história do rei que matou o pai e desposou sua mãe.

A tragédia de Sófocles se anuncia em atos. Em primeiro lugar, o pai de Édipo, Laio, ao descobrir que morrerá pelas mãos do filho em um oráculo, ordena a morte do filho a ser executada por sua esposa, Jocasta. A mãe não dá cabo da tarefa, em vez disso delegando-a. A resultante é que Édipo sobrevive e, na idade adulta, ele mesmo em um oráculo descobre seu destino. Para evitar matar seu pai e casar com sua mãe, Édipo sai de sua cidade e abandona os pais adotivos, estes que ele acreditava serem seus pais biológicos. Nessa jornada, Édipo enfim mata o pai, Laio, e casa com sua mãe, Jocasta, sem que nenhum deles saiba de seu vínculo de parentesco.

Coroado rei em Tebas após resolver o enigma da esfinge, Édipo enfrenta pragas na cidade por ela estar contaminada pelo mal religioso. Descobre que o motivo é ter o assassinato do antigo rei nunca sido resolvido e, assim, decide solucionar o caso. Pede ajuda a Tiresias que revela ser o próprio Édipo assassino, mas o rei não acredita no vidente. Jocasta tenta fazer Édipo desacreditar em profetas, contando a história de Laio, cuja profecia supostamente não teria sido realizada. É assim que Édipo compreende porque, de fato, era ele o assassino, como Tirésias havia dito. Édipo se amaldiçoa e se cega. Jocasta se enforca.

Exilado de Tebas, Édipo peregrina guiado por Antígona, uma de suas filhas. Logo chega a uma cidade e se encontra com Ismene, sua outra filha, quem lhes conta que Polynices, o filho mais velho de Édipo, está em guerra para conquistar Tebas. O drama familiar persiste e Antígona convence o pai a escutar seu irmão mais velho e, ao encontrar Polynices, tenta dissuadi-lo de atacar Tebas. Édipo finalmente morre e Antígona implora para visitar seu túmulo, mas isso lhe é vedado porque o local de sepultamento de Édipo deveria ser mantido em segredo. Antígona segue para Tebas, na esperança de impedir o combate e evitar que seu irmão pereça em batalha.

Ao final, o irmão de Antígona e filho de Édipo, Polynices, sucumbe em batalha mas tem seu enterro negado pelo novo rei. Antígona faz de sua missão poder enterrar o irmão dignamente e rechaça os desígnios de Tebas, governada por um novo rei, que impedia os rituais devidos ao irmão. Antígona é aprisionada e, afinal, não podendo ceder ao mando do rei nem cumprir sua missão, exerce sua autonomia uma última vez, matando-se. É com esse desfecho que a jornada de Édipo, que efetivamente é a jornada de uma família e de um reinado, se encerra.

Ao analisar a personagem, Butler nos conta que, ao resistir ao ímpeto do regramento social, ao negar o patriarcado e sustentar sua relação e sua responsabilidade com seu irmão e seu pai, Antígona ocupa uma nova posição no drama familiar e na organização social do Estado. Ela recusa o sacrifício em nome do processo civilizatório e, numa certa ética radical, encerra sua vida afirmando a importância dos laços familiares e da vida emocional que entrelaça irremediavelmente a vida de todos nós. Butler pensa ser Antígona o mais próximo daquilo que gostaríamos de compreender como uma existência *queer*, o corpo que é filha, irmã e neta ao mesmo tempo, livre e aprisionada, rejeitada e temida, em que todas as tramas do patriarcado se fecham em tantos nós que precipitam sua própria ruptura. É um modo de ser estranho, limítrofe, repulsivo, incompreensível mas que, ainda assim, sustenta uma ética e faz grito por uma causa que todos os outros parecem esquecer ou desprezar. Ela denuncia o pacto civilizatório e afirma existir mais além do que está ali colocado.

Antígona, antes de ser uma personagem *queer* de um drama mitológico, é uma confissão *queer* à humanidade. Ela é aquela que não se curva, não admite negociar o que defende em nome de um pacto civilizatório que mata, nega e apaga existências. Ela é a marginalidade que não cessa de se fazer presente, a coisa invisibilizada que insiste em retornar até que seja enterrada, trancada, lacrada, excluída, suicidada. Então, longe de qualquer possibilidade de retorno, ela habita o subterrâneo e nele tira a própria vida. O cemitério de suas tentativas se torna maldição, estrume e adubo para um patriarcado que teima na sua premissa de que qualquer coisa é negociável. Qualquer acordo é válido com aqueles que tem mais poder que nós em nome da nossa sobrevivência. Ao negar a própria sobrevivência, Antígona se mantém num território do ininteligível – como ela pôde fazer isso? Não precisamos estar vivos para lutar? Sua confissão, entretanto, encerra a tragédia de Sófocles e eterniza o mito de Édipo que, do primeiro ao último ato, insiste no conflito entre a organização social e o drama familiar.

A família tradicional burguesa, europeia, branca e economicamente viável, é o resultado desta parada no primeiro ato de

Sófocles. É necessário que olhemos para Antígona se quisermos entender para onde mais podemos ir e quem mais queremos ser. Essa mulher desprezível e abjeta que renega qualquer possibilidade de acordo e mantém sua vida em suas próprias mãos até o fim, teria ela algo a nos dizer? Pessoas, sociedades, países e regiões do mundo perseveram em suas hipóteses delirantes de que pessoas *queer* não existem ou não deveriam existir. Estas pessoas, entretanto, seguem existindo e morrendo em nome de uma *cuiricidade* que advoga por uma radical singularidade. Um tornar-se si mesmo que nega os pactos sociais e, entretanto, ao contrário do temor de muitos, não provoca o caos nem faz ruir a sociedade em que habitam. A confissão *queer* tem algo a ver com isso e, de modo paradoxal, não há lugar para ela nas psicanálises e nas teorias junguianas mais populares. Não há nada mais singular, único e potente que a expressão *queer* que não abre mão de si mesma. Ainda assim, o que os médicos e psicólogos insistem em questionar são do que abriremos mão, quem poderemos deixar de ser, quais perdas são possíveis para nós para termos uma vida de menos sofrimento.

Antígona é a personagem que insiste, resiste e tenta dizer: não se trata do que abriremos mão. Ao contrário, falta falarmos daquilo de que não podemos de modo algum deixar de ter, deixar de expressar, deixar de dizer. Antígona não mata, não mente, nem castra. Ela afirma seu caminho e aquilo que para ela é o mais importante. Ela não agride, não tolhe nem abusa. Mas reafirma, reitera do que se trata sua existência até o último momento de sua vida. Quem de nós está preparado para desvelar sua própria Antígona?

O inconsciente heterossexual é a própria normatização. Vivemos assolados por esse modo de ser, pensar, agir e sentir no qual sempre há um compromisso e sempre é necessária uma concessão. A heterossexualidade se trata sobretudo disso: a possibilidade de negociar seus desejos, seus valores e seu senso de si mesmo para que um suposto algo maior seja preservado, seja ele a família, a sociedade ou o Estado. Nessa armadilha, criamos uma família sem amor, uma sociedade sem paz e um Estado que não organiza nem regula suficientemente para evitar cruéis desigualdades e violências inexplicáveis.

Antígona nos diz sobre algo mais. Ela nos fala sobre a possibilidade de olharmos, tanto em nossa interioridade como na exterioridade a nossa volta, quais são as demandas e quais são os chamados que não podemos ignorar, invisibilizar ou assassinar. Não se negocia com o amor, apenas amamos. Não se pode evitar a tristeza, apenas senti-la e atravessá-la. O mundo dos humanos é este das emoções, dos sentimentos, dos afetos; dessas experiências que pedem elaboração e impedem uma avaliação objetiva do que devemos fazer para construir algum ideal do futuro. Nessa tentativa megalomaníaca de capturar o futuro, nós concedemos demais e deixamos de ser. Em vez de dar espaço para o futuro se mostrar, nós tentamos laçá-lo por meio de castrações autoimpostas e defini-lo com nossos planos, obsessivos e delirantes. Antígona não existe no futuro: ela reivindica o presente. Ela permanece naquilo que ela sente que deve ocorrer. É um sentir-pensar do que deve ser feito que não pode ser realmente negado sem temíveis consequências.

Que possamos, enfim, incorporar as imagens de Antígona ao nosso inconsciente heterossexual, ao lado das figuras de Édipo, Narciso e de nossas imagens da *anima*. Que seja possível também vivermos o mundo por meio de experiências não mediadas, não moderadas, não negociadas com um outro que crê na necessidade da nossa castração. A reivindicação de Antígona é clara e fala especialmente a uma sociedade como a nossa que vive de acordos espúrios sem qualquer lastro em afetos bons e genuínos. Invoquemos mais Antígonas, menos Édipos e Narcisos e, talvez, possamos melhor lidar com as sombras que emergem de concessões inimagináveis para quem deseja viver uma vida singular, generosa e pautada na humanidade que compartilhamos.

Homens Impenetráveis: O Complexo do Cu Fechado

Guilherme SCANDIUCCI

Este capítulo pretende trazer reflexões sobre a questão das masculinidades contemporâneas – especificamente no contexto brasileiro – e a relação das mesmas com o universo teórico e prático (clínica) em psicologia pós-junguiana. Para tal, trarei algumas discussões feitas por determinados sociólogos, filósofos e psicanalistas. Também farei apontamentos a partir do meu trabalho como psicoterapeuta e observações de meu universo social em geral.

Estou colocando masculinidades no plural, como outros autores o fazem, porque precisamos pensar em diferentes modos de apresentação do que se nomeia como masculino. Isto é, há diversas fantasias que permeiam o ser um homem e a construção de suas identidades assim chamadas de masculinas. Diferentemente do início do século XX, quando Freud e Jung faziam suas reflexões, não temos direcionamentos claros sobre como deve se portar um homem, no que ele deve acreditar, para onde aponta a identidade masculina, enfim – muito embora seja fundamental observar que estereótipos de gênero estão vigentes, o tempo todo e em todo lugar.

Masculinidades e heteronormatividade

O primeiro ponto talvez seja a simples pergunta: o que é ser um homem? Não há resposta evidente para ela. Do ponto de vista biológico, alguns podem dizer que o homem é o que possui cromossomos XY, tem pênis. E disso decorreria a atração por mulheres, virilidade, agressividade etc. Outros se distanciarão do natural e afirmarão a condição sociocultural: ela definirá o que um homem é, a partir do seu tempo de sua localização. Sabemos, por exemplo, que há homens que se atraem sexualmente por outros homens. E homens (trans) com vagina e útero, categoria historicamente recente.

Como afirma Pedro Ambra (2019, p.17):

> Há ainda a tese de que se trata de uma autoafirmação: homem é quem se diz homem, a despeito tanto do seu fenótipo quanto das imposições da sociedade. Homem é, também, o principal beneficiário de uma cultura patriarcal que violenta e mata mulheres, além de gozar de liberdades e benefícios que vão desde o direito à cidade, ao corpo próprio, até a uma diferença salarial.

Parece ser consenso a ideia de que a masculinidade é um construto social, no sentido de serem características atribuídas ao homem. Ainda ouvimos com frequência a afirmação de que se deve "ser homem" em determinadas situações (geralmente ter coragem, ser incisivo). Em certa ocasião, conversando com pais da escola dos meus filhos, eu contava de uma discussão acalorada que tive com um colega gay a respeito de identidades de gênero. Um dos pais me disse que eu deveria pontuar: "Vira homem antes". Um exemplo banal, mas bastante frequente, no qual o homossexual não seria o verdadeiro homem.

Temos de pensar que este tipo de padrão heteronormativo provoca sofrimento psíquico em todos os homens, e ainda assim os mantemos (incluindo aqui obviamente os terapeutas junguianos). Como aponta Cossi (2020, p.34), "o processo de enquadramento normativo identitário atinge também os homens, sejam cis ou héteros; a norma intrínseca aos gêneros não acomete somente os sujeitos que se esquivam da heteronormatividade; a obrigação a corresponder a este ou aquele padrão inatingível é nociva a todos nós".

Importante lembrar que o momento histórico, além do artefato cultural, irá definir o que se entende por masculino e feminino. Não entrarei em detalhes a respeito disso, mas fica claro que o século XVIII é um momento crucial para a maneira como operamos até hoje essa divisão. Na modernidade, o dimorfismo passa a prevalecer – temos então dois sexos opostos e a sexualidade tem raiz na biologia (LAQUEUR, 2001).

Pensando na estruturação da masculinidade, Kimmel (2022) aponta para a homofobia e o direito presumido como sendo alicerces de tal sustentáculo. Temos a construção da homossociabiliade masculina: a homofobia seria um dos princípios organizadores do masculino, pois libera os homens para suas relações de fraternidade – o menino afeminado é excluído dos espaços. Ao retirá-lo do círculo social, os outros homens estão livres para o exercício das práticas de afetividade masculina – uma vez marcado o desvio, não há mais risco que nenhum deles seja contaminado por essa presença que denunciaria, fragilizaria o pacto que ordena o masculino. Mesmo homens que não se inserem na masculinidade hegemônica, frequentemente adotam um silêncio compactuador frente à violência contra mulheres, gays e outras minorias.

O filme *Close* (2022) mostra de forma clara, bonita e triste como o funcionamento de tal estrutura recai sobre a vida de dois adolescentes de treze anos no interior da Bélgica. São dois amigos com uma troca amorosa intensa, numa idade em que jogos infantis ainda estão muito presentes, ao mesmo tempo que a adolescência convida a novas experiências. Há um clima homoerótico entre eles, sem que haja qualquer ato sexual direto – o espectador de certa forma imagina que ele irá ocorrer dada a proximidade física e afetiva dos garotos, mas eles permanecem na ligação libidinal inibida em sua finalidade, como diria Freud.

Em dado momento, eles passam a frequentar outra escola, e consequentemente a conviver com outros adolescentes. Começam a sofrer chacota por alguns, incluindo meninas, que acreditam que formam um casal. Um deles, para ser aceito entre os meninos, passa a ter comportamento mais masculinizado (praticar hóquei por exemplo), e passa também a deixar de andar com seu velho amigo, evitando-o. Isso causa profunda tristeza neste, que entra em depressão e mais tarde acaba por se suicidar. Isso nos leva à ideia de que o heteropatriarcado pode arruinar a vida de adolescentes, de qualquer gênero, desde muito cedo.

Outro filme atual cujo pano de fundo é a homofobia entre crianças numa sociedade patriarcal, é o longa japonês *Monster* (*KAIBUTSU*, 2023). Também narra a história de dois amigos em idade escolar e que constroem um rico universo particular graças a uma alta capacidade imaginativa. Um deles sofre *bullying* constantemente dos colegas; o outro, personagem principal da trama, desenvolve um afeto por ele, que só pode ser vivido clandestinamente. Este garoto, filho de uma viúva, ao perceber a expectativa da mãe de que venha a ter sua própria família um dia, fica profundamente angustiado. Como em "Close", não há relação sexual entre os garotos, contudo os efeitos do patriarcado se mostram cruéis e limitadores, contrários às pulsões de vida em suas possibilidades diversas.

Como aponta Connell (2016, pp.140-143), as vidas e as emoções de meninos e meninas adolescentes apresentam questões coincidentes. "Mas quando a ideologia de gênero de uma sociedade insiste na diferença absoluta entre masculinidade e feminilidade, cria-se um dilema de desenvolvimento. Uma solução comum para isso – embora não seja a única – é exagerar a performance da masculinidade como um jeito de 'fazer a diferença' [*doing difference*]. [...] A heterossexualidade é aprendida, e esse aprendizado, para meninos, é um lugar importante de construção da masculinidade".

Gênero e pós-modernidade

Em termos de pós-modernidade, gostaria de fazer um recorte aqui a respeito da clássica dicotomia natureza x tecnologia. Paul Preciado fará importantes observações a respeito em seu *Manifesto contrassexual*. Em sua exploração do dildo como algo para muito além de um substituto artificial do pênis, o autor defende ser preciso dinamitar o órgão sexual. O dildo seria "um intruso, um outsider, um hacker" (PRECIADO, 2022a, p.86), e marca a passagem do naturalismo sexual para o *contrassexo conceitual.*

Preciado entende sexo e gênero como tecnologias – algo bastante calcado em Foucault, já que para este o sexo e a sexualidade são o resultado de tecnologias produtivas, e não somente repressivas. Não cabe a este texto trazer a complexidade do pensamento foucaultiano, mas vale ter em mente a afirmação, dada por Preciado, de que

> a forma mais potente de controle da sexualidade não é a proibição de determinadas práticas, mas a produção de diferentes desejos e prazeres que parecem derivar de predisposições naturais (homem/mulher, heterossexual/homossexual etc.), e que serão finalmente reificados e objetivados como "identidades sexuais" (PRECIADO, 2022a, p. 156).

Assim, derruba-se a falsa contradição entre essencialismo e construtivismo quando se entende sexo e gênero como tecnologias. Não é possível estabelecer, por exemplo, a fronteira entre "corpos naturais" e "tecnologias artificiais". Basta pensar nos tratamentos hormonais, no controle imunológico do corpo diante do HIV, os inúmeros *sex toys* e os estímulos dados pela internet. A tecnologia "se faz corpo", na expressão de Preciado. Todo o aparato tecnológico no qual boa parte da humanidade está embebida, gera um nível de organização e uma "continuidade (individual? transpessoal?) orgânica-inorgânica" (PRECIADO, 2022a, p.165).

Desta forma, devemos considerar uma sociedade no século XXI em que sexo e gênero claramente estão em processos de mutação constantes: podem parecer naturais a muita gente, mas estão embebidos de aparatos tecnológicos, dos mais simples aos mais sofisticados. Estão aí os corpos transgêneros, os recursos da medicina (inclusive na saúde pública) nesta área, as possibilidades de sexo virtual etc. "A jogada mais sofisticada da tecnologia consiste em se apresentar como 'natureza'" (id., ibid., p.168). O dualismo cartesiano (por exemplo, natureza/tecnologia) contribui para a estigmatização de certos corpos, a saber: não brancos, *queer*, femininos, intersexo e por aí vai.

Psicologia profunda e gênero

Em sua crítica à psicanálise, Paul Preciado (2022b) coloca que o regime da diferença sexual que psicanalistas consideram universal e constituinte, em que se baseia e se articula toda sua teoria, não é uma realidade empírica, nem uma ordem simbólica que fundou o inconsciente.

Tem-se uma epistemologia histórica que se constrói em relação a uma taxonomia racial da época do desenvolvimento mercantil e colonial europeu e que se cristalizou na segunda metade do século XIX. Essa epistemologia é uma máquina performativa que produz e legitima uma ordem política e econômica específica: o patriarcado heterocolonial. A psicanálise não é uma crítica desta epistemologia, mas a terapia necessária para que o sujeito patriarcal-colonial continue a funcionar apesar dos custos psíquicos (PRECIADO, 2022b).

Este tipo de crítica poderia ser feita à psicologia analítica, dado que o modelo binário evidentemente opera em suas bases. Por exemplo, nas OC 10/3, Jung vai na direção de compreender o feminino como Eros, e o masculino como Logos. Portanto, homens teriam tendência a serem abstratos, racionais, ao passo que as mulheres teriam naturalmente uma propensão ao cuidado, ao afeto.

Isso está diretamente relacionado aos complexos materno e paterno, e suas associações com feminino e masculino, com arquétipos materno e paterno. Temos a suposição de um binarismo fundante em termos socais e psicológicos, o que definirá as funções materna e paterna.

Entretanto, é fundamental ressaltar as observações de Jung (2002, OC 9/1) sobre tais complexos tanto no filho quanto na filha. Quando discute o complexo materno no menino, por exemplo, ressalta a importância do contato com o feminino operado por este complexo, que levaria a criança do sexo masculino a ter potenciais normalmente atribuídos às mulheres (ser educador, ter carinho por outro homem, ter sensibilidade estética etc.). Ou seja, ainda que estejam presentes estereótipos a respeito de cada gênero, há ao mesmo tempo avanços em relação à participação do "outro" feminino ou masculino que se faz presente no inconsciente, através do complexo parental.

David Tacey (1997) faz interessantes apontamentos sobre as masculinidades da perspectiva analítica crítica. Para o autor, a questão que devemos nos fazer é: a teoria junguiana deve ser usada para encorajar a mudança ou para escapar da mudança? Por causa da "estabilidade" ilusória e da suposta "atemporalidade" dos arquétipos, Jung mostrou-se atraente aos oponentes conservadores da mudança e assim as possibilidades progressistas da teoria junguiana foram negadas.

Os arquétipos alcançam o tempo e formam a exata base do processo histórico. De acordo com Jung, os arquétipos nunca podem ser compreendidos em si próprios, mas são sempre conhecidos por meio de "imagens arquetípicas" que tramam o tecido da história, do tempo e da sociedade. Se somos mais atraídos pelo pano de fundo arquetípico ou pelo primeiro plano sociológico é mais uma questão de gosto pessoal e de tipo psicológico do que algo da natureza da realidade (Tacey, 1997).

Em relação à masculinidade e pensando no controle rígido encarnado no homem, Tacey (1997) aponta que ele será um coração que sangra, produzindo êxtases, depressão e raiva. Muito rapidamente, essa raiva masculina pode ser canalizada em atividades políticas contra as mulheres, o feminismo e o progresso social. Os chamados "grupos de conscientização" dos homens podem facilmente se transformar em camarilhas misóginas se essa raiva recém-expressa não for integrada e corretamente compreendida. Pode-se pensar aqui nos atuais movimentos de afirmação da masculinidade tradicional, inferiorizando as mulheres, como o movimento *Red Pill*.

No patriarcado em revisão, certos homens procuram pontos de apoio na tradição conservadora; porém, outros se aproximam do universo feminino e procuram rever seus privilégios, procurando não se sentirem ameaçados por uma espécie de perda fálica. A revisão do narcisismo dos homens se faz fundamental. Na clínica, este é um ponto a ser trabalhado em diversos casos.

Como coloca Tacey (1997), o herói pós-moderno ou pós-patriarcal não precisa lançar-se a uma jornada e voltar para a mãe, mas todo suposto herói contemporâneo precisa estabelecer um genuíno compromisso com a alma feminina, como cura última para seu narcisismo e infantilismo masculino.

No universo da psicologia analítica contemporânea, Gustavo Pessoa (2021) nos brinda com importante reflexão acerca do que nomeou como complexo heteropatriarcal. O autor faz crítica fundamental a certas concepções junguianas atravessadas por um binarismo em relação ao gênero, presente na formação do complexo em questão, que por sua vez pode atuar de forma sombria, reduzindo o potencial da sexualidade numa estrutura lógica que acaba servindo à moral. Isto é, a fantasia do chamado par complementar está amalgamada com os valores heteronormativos e não são interessantes para lidarmos com a vasta potência da sexualidade e suas múltiplas dissidências com as quais nos deparamos na clínica.

Em um texto a respeito do *senex*, James Hillman (2005) também reflete a respeito da questão do controle: tanto o autocontrole quanto o controle sobre os outros, típicos da sociedade moderna patriarcal. Aponta o autor que, enquanto a consciência significar ordenamento, e ordem por meio da negação, a repressão será necessária. Outras perspectivas arquetípicas – a lunar, a hermética, a heroica, a apolínea etc. – organizam o mundo com diferentes lógicas, criando diferentes estilos de ego. Mas o ego senex prospera na repressão.

Para Hillman (2005), a repressão em nossa cultura tem sido por muito tempo associada com analidade. Freud atribuiu ao caráter anal três traços principais: são excepcionalmente ordenados, parcimoniosos e obstinados. Esses traços, em conjunto com aqueles elaborados depois (inibição, sadismo e uma obsessão especial com o tempo), parecem uma descrição do senex clássico na linguagem psicanalítica.

> Ao livrarmos a repressão de sua redução a um enfoque no corpo, também poderemos livrar esse foco, o ânus, da repressão da consciência senex. Se Afrodite reinasse sobre ele, seria uma região de alegria libidinal e amor sexual; para o trickster, um reino de brincadeiras irresponsáveis e piadas; para o heroísmo de Hércules (que tende a servir a um velho rei), um trabalho de limpeza, uma empreitada cultural; para Deméter, a quem a digestão também pertence, uma parte despudorada do ciclo de crescimento e declínio. Em outras palavras, uma psicologia arquetípica pode imaginar zonas e funções corporais através de várias perspectivas (HILLMAN, 2005, p.288 – tradução livre).

Lembrando que, em reflexão de Hillman em *Re-vendo a psicologia* (2010), o concreto não se opõe ao simbólico. Importante lembrar que concreto não é o mesmo que literal: grande exemplo de fazer alma através de eventos concretos é a prática da alquimia. A alma se faz também no material, no corpo. Os usos que fazemos (ou não) do ânus – sobretudo, neste contexto, como órgão sexual – expandem nossas possibilidades psicológicas, aberturas para modos de prazer e de imaginação da relação com o outro.

De fato, a repressão do ânus é uma questão essencial para as questões aqui levantadas. Como reflete Guy Hocquenghem (2020), nossa sociedade é uma sociedade da concorrência, da concorrência entre machos, machos portadores de falo. Com o ânus fora do jogo social, tudo se organiza entre os indivíduos criados pelo reinado burguês em torno da possessão do falo, da apreensão do falo dos outros ou do medo de perder o seu. E completa Preciado (*apud* HOCQUENHEM, 2020, p.199): "Assim nasceram os homens heterossexuais em fins do século XIX: são corpos castrados de ânus. Ainda que se apresentem como chefes e vencedores, eles são, na verdade, corpos feridos, maltratados".

Neste mesmo texto, Preciado faz um breve apanhado históricos dos movimentos feministas e LGBTQI+ do século XX, mostrando como a "revolução anal" será lenta. Diante do pioneiro trabalho de Hocquenhem - escrito originalmente em 1972 -, Preciado conclui que a pergunta fundamental é sobre a regularidade estrita e calculada do *desejo heterossexual*. Ou seja, não estamos mais diante da pergunta sobre o que faz um indivíduo ter desejos homossexuais, o que aconteceu com ele etc. Conclui: "o problema não é o sexo anal, e sim a civilização do homem-castrado-do-ânus" (PRECIADO *apud* HOCQUENHEM, 2020, p.236).

Guy Hocquenhem, na esteira do pensamento de Deleuze e Guattari, faz uma análise fundamental da sociedade moderna falocêntrica, na qual o ânus está confinado ao âmbito hiper privado. O gozo fálico é central na heterossexualidade, que definirá nosso entendimento de relação sexual: se não há ejaculação não foi completo, se a mulher atingiu ou não o orgasmo não é importante, por exemplo. Para este autor, o falo é social (pauta valores culturais); já o ânus, é essencialmente privado. "Toda a energia libidinal que se porta sobre o ânus é desviada para organizar o campo social sobre o modelo das pessoas privadas e da sublimação" (HOCQUENHEM, 2020, p.94).

Hocquenhem mostra como o modelo psicanalítico clássico não admite o prazer anal: este deve ser sublimado, o que será fundamental para a entrada no mundo social. Caso contrário, abre-se caminho para uma perversão e à não aceitação da cultura. Este tipo ideia é criticado por ele, pois dá as mãos para a privatização da vida do regime capitalista (falo e capital são como irmãos, em meu entendimento desta obra). Realizar um investimento libidinal e coletivo no ânus seria enfraquecer o grande significante fálico que opera nas instituições, tanto no micro quanto no macrossocial.

> O desejo homossexual é um desejo de grupo, ele grupaliza o ânus ao restituir-lhe suas funções de vínculo desejante, ao reinvesti-lo coletivamente contra uma sociedade que o reduziu ao estado de segredinho vergonhoso. [...] O modo grupal do ânus é o anular, o círculo passível de ser aberto ao infinito das ramificações possíveis em todos os sentidos, sem lugares atribuídos (pp.117-118).

Valeska Zanello (2018) faz um estudo importante sobre a questão de gênero em saúde mental. Aponta que o patriarcado "denota uma estrutura de poder político disfarçado em sistema de diferença natural" (DIMEN, 1997, p. 46, apud ZANELLO, 2018). A divisão de trabalho emocional sugere que aos homens é interpelada a individualização e a autonomia, ou a independência; já às mulheres, a ligação e o cuidado, ou seja, a interdependência.

Os homens também foram compreendidos a partir de certas qualidades agora tomadas como "naturais". Elas seriam a ação enérgica, a atividade sexual, a coragem, a resistência física e moral, o controle de si (emoções e corpo), cabendo a eles o âmbito público e o trabalho reconhecido e remunerado. Firma-se uma nova configuração das virilidades, cuja historicidade é necessário reconhecer (ZANELLO, 2018).

Seguindo a autora, temos que a dominação, relacionada à virilidade masculina no ocidente, firmou-se assim em quatro pilares: no mundo social (com todas suas características culturais históricas e locais); contra si mesmo (inicialmente embrutecimento, posteriormente, cada vez mais, controle sobre seus próprios comportamentos e afetos-ideal de "razoabilidade"); contra as mulheres (consideradas sempre como inferiores ou com qualidades incomparavelmente menos nobres); contra outros homens (tanto na competição com os iguais como no exercício de controle e subjugação dos considerados "inferiores", de acordo com os valores sociais e culturais daquele momento: vencidos de guerra, escravos, jovens semiviris, pobres etc.).

Como afirmam Sáez e Carrascosa (2022), uma das marcas do ideal viril de masculinidade contemporânea (hegemônica, heterossexual) é ter o "cu fechado". Destaca-se a injunção de ser sempre o "penetrador" e nunca, de forma alguma, ser/ter sido penetrado. O regime heterocentrado, uma espécie de regime de terror para os autores, parece ter estado sempre aqui, estável, dado. Mas evidentemente é um construto diário, em que todos participamos, de uma forma ou de outra. Tal regime impõe sua violência, do machismo à misoginia, de pressupostos naturais de papeis de gênero e de constituição de família.

Em suma, o século XX inscreveu-se como um período de grandes transformações, com o crescimento do capitalismo e do individualismo, por meio de um processo marcado pela urbanização e novas formas de viver, nas quais as relações de trabalho e o consumo se tornaram essenciais. Vários valores viris que persistiram no decorrer da história ocidental, ainda que em configurações específicas, tais como a valentia e a morte no combate, foram se enfraquecendo. No entanto a ética da honra masculina, presente na prática dos duelos ou na guerra, na sociabilidade dos homens, não morreu. Só mudou de forma (ZANELLO, 2018).

Para Zanello (2018), o teste principal é uma espécie de prova da antifeminilidade, ou seja, "não ser uma mulherzinha", o que pode ser basicamente nomeado como misoginia. As mulheres devem ser desejadas, mas nunca se deve desejar ser igual a elas. A construção do masculino se dá assim sobre um duplo paradigma naturalista: a pseudo natureza superior dos homens e a visão heterossexuada.

Dito de forma sucinta: um verdadeiro homem é um comedor/penetrador e um trabalhador, e não pode pairar dúvidas de que não é gay. Trata-se de banir toda e qualquer alusão a um erotismo anal, o qual corresponde, no imaginário cultural, a uma posição feminina (nem que seja de passagem) de "ser penetrada". No fulcro da homofobia encontramos assim a misoginia (ZANELLO, 2018).

Temos então a excelente síntese de Sáez e Carrascosa (2022, p. 24): "A masculinidade dos homens se constrói de uma forma estranha: por um lado, evitando a todo custo a penetração, mas, por outro lado, com uma curiosa permissão para penetrar o que quer que seja, incluindo o cu de outros homens". Pois sabemos que o papel ativo na relação sexual entre dois homens muitas vezes não é considerado "viadagem" – desde que seja feita sem carinho e afeto.

Ser homem é ser "impenetrável". Metáfora essa que se estende do cu aos afetos. Como apontamos, pode-se tomá-la literalmente, mas também devemos tomá-la em seu sentido metafórico e afetivo: a velha ideia de que um homem de verdade "não chora", é intocável e controla seus sentimentos. "Ser penetrado é", assim, "abdicar do poder" (BERSANI, 1995, p. 101, apud ZANELLO, 2018).

A homossexualidade masculina é compreendida, no imaginário social, como uma apassivação do homem, algo que o levaria a ser uma "mulherzinha". O homem gay, em primeiro lugar, trai a regra de ouro "manter o cu fechado"; e ainda por cima, e como consequência (imaginária), não performa como o "fodedor" ativo, o que o colocaria em xeque o cumprimento da masculinidade hegemônica. Na Grécia e Roma antigas, de acordo com Sáez e Carrascosa (2022), onde havia práticas sexuais entre homens em contextos específicos, a passividade em muitos casos era considerada um defeito moral grave, pois denotariam delicadeza, afeminamento.

Em um país sexista como o Brasil, heterossexual-centrado, discutir essas questões é fundamental, pois ainda carregamos a pecha de sermos um dos países que, além de matar mais mulheres (feminicídios), mais mata pessoas LGBTQI+, sobretudo travestis. E quem mais mata, disparadamente, são os homens. No entanto (ou talvez por isso mesmo), o maior consumidor mundial de pornografia trans é justamente o Brasil [1]: tudo indica que, entre quatro paredes, muitos homens hetero gozam com cenas sexuais fora das relações entre homem e mulher.

Como aponta Zanello (2018) em sua pesquisa, trazendo Sáez e Carrascosa (2022) e Allan (2016), é necessário abrir uma reflexão "por trás": ou seja, (re) pensar a analidade e sua colonização em nossa cultura. Segundo esses autores, o ânus é um órgão sexual, apesar de não ser considerado genital; além disso, é universal (pois todo mundo tem um) e subversivo, pois transcende o sistema binário sexo/gênero. Nas palavras de Preciado (2002a, p.32): "Pelo ânus, o sistema tradicional da representação sexo/gênero vai à merda". Ou é "um órgão ou um lugar que desafia a definição atual do que é o sexo e o genital" (SÁEZ e CARRASCOSA, 2022, p. 22).

Uma das coisas mais difíceis, nesse sentido, é o processo de descolonização dos afetos, nos dispositivos. Para tal, é necessário um investimento lento, diário, algo que pode ser feito em trabalho individual ou em grupo, de reflexão e de desnaturalização, problematizando o que parece ser evidente, automático, invisível (e que nem por isso deixa de provocar sofrimento). Colocar em palavras é dar corpo, rosto, voz, delinear, proporcionando a possibilidade de ocorrência dos trabalhos de simbolização e elaboração psíquica, bem como a abertura para diferentes possibilidades de advir (ZANELLO, 2018).

Em minha prática clínica, me deparo frequentemente com homens de pouca penetrabilidade. Não que não me depare com mulheres também nesta condição, mas posso afirmar que é menos comum – os efeitos do heteropatriarcado são diferentes. Eu mesmo, enquanto homem cis, percebo os efeitos nítidos e insistentes de tal estrutura sociocultural na formação de um "complexo de cu fechado". Como é custoso para nós dividir sentimentos, dúvidas, inseguranças, se abrir para o que nos é diferente e para o outro, abrindo mão do conhecido e do narcisismo.

Um de meus pacientes, R., 37 anos, heterossexual, ilustra bem este tipo de complexo em atuação. Apresenta sinais típicos de um obsessivo bem adaptado, controlador, planejador, rígido em seus valores e pouco tolerante às contradições da vida. A dificuldade com qualquer tipo de prazer anal se dá literalmente em seu atual relacionamento amoroso: quando a companheira se aproximou, cuidadosamente, da região anal numa relação sexual com ele, R. ficou completamente desconcertado e se esquivou. Fica claro que o ânus está ligado à retenção (controle) e à repressão (não pode servir como zona erógena).

O trabalho com ele tem ocorrido no sentido da flexibilização de forma geral, da abertura – mais recentemente, em torno do acolhimento de incoerências apresentadas por sua companheira. Seus argumentos lógicos são infalíveis, na transferência percebo que devo tomar cuidado para não admitir a racionalidade convincente como pauta das discussões conjugais. Percebi a necessidade de nos abrirmos para o que não tem lógica, para o afeto e seus absurdos (do ponto de vista do ego). Estamos metaforicamente nos abrindo para uma relação erótico-anal entre dois homens.

Em outro caso, D., 35 anos, casado com um homem 17 anos mais velho, observam-se também sinais de muita rigidez e autocontrole. D. é um homem sensato, trabalhador, regrado, um pouco tímido. Às vezes lamenta ter pouca abertura para amizades, prefere ficar em casa com o marido, eles têm uma rotina bastante sólida. D. mesmo associa o cônjuge a uma figura de pai – praticamente não teve contato com seu pai biológico, e os avós, que moravam com ele e a mãe, se mudaram para outro país quando ele tinha seis anos de idade. O marido do paciente é bem estabelecido profissional e financeiramente, o que lhe dá segurança.

Este paciente não tem o cu fechado no plano literal, mas possui atitude tipicamente masculina em relação aos afetos. Não à toa, uma das "diversões" dele é exibir-se nu (sem mostrar o rosto) em sites da internet – ele narra ficar mobilizado ao ver o tesão dos outros. Fomos entendendo que é uma exposição bastante grande, ainda que protegida pelo anonimato. Trata-se de um impulso anímico para fora, em direção ao outro, numa interação a partir do desejo sexual. Eros se apresenta de forma um tanto sintomática, enquadrada. O trabalho com ele tem sido de certa forma buscar psique. D. começa a arriscar fazer atividades que o agradam, sem a companhia do marido, algo inédito e que provoca certa insatisfação no último. Estes dois homens, fechados neles mesmos, passam a conseguir dividir angústias, mágoas e sentimentos na terapia de casal que iniciam. D. passa a ter uma abertura para algo ligeiramente menos conhecido, menos "familiar", conforme apontei, tem trazido uma faceta até então reprimida pelo ego, o que tem sido fundamental para a (mínima) multiplicidade psíquica.

Gostaria de trazer um último caso, não da clínica, mas de conversa informal. Recentemente, entrei numa conversa em curso numa roda de conhecidos, numa festa. O assunto era massagem tântrica. Um homem de cerca de 45 anos, narrava os encontros de fim de semana dos quais participara, pois estava querendo se tornar um massagista. Em um deles, havia um módulo de massagem prostática, e os participantes, após terem aulas teóricas e demonstrações, deveriam formar uma dupla e praticar a técnica diante dos professores. No momento de receber a massagem, o sujeito não conseguiu seguir em frente – aliás, nem iniciou, segundo ele. Não podia imaginar uma pessoa (no caso, uma mulher) inserindo o dedo em seu ânus, mesmo de luva, no contexto de uma prática terapêutica. Fiquei impressionado com a dificuldade de entrega e de experimentação, dado que é uma atividade pouco convencional, que exige certa entrega corporal, de grande interesse dele, sendo que quer se tornar um profissional. Um homem hétero nem assim pode ser cutucado. De fato, o medo do prazer anal é algo bastante forte na fantasia do homem, que mais uma vez perde com isso, ainda que mantenha seus privilégios.

Enfim, a violência do heteropatriarcado pode ser explícita ou sutil, mas fica claro como abarca a todos/todas/todes. Não apenas mulheres pretas, mas também brancas. Não apenas a população LGBTQI+ em geral, é claro. Não apenas homens heterossexuais com sensibilidade e respeito às mulheres – mas também o chamado homem opressor, branco, "heterotop", privilegiado. Todos perdem e isso se pode observar em muitos lugares (inclusive na clínica, obviamente), como pretendi demonstrar neste trabalho. Rever este construto cultural é tarefa de todos nós – resta saber quem vai abrir mão do poder para se deixar ser penetrado.

Um dos grandes desafios para os homens é poderem viver uma *interpenetração*. O processo psicoterapêutico com homens frequentemente passará pela elaboração do complexo do cu fechado, buscando a passagem de uma impenetrabilidade para uma *cu-municação*. Para tal, temos de encarar com profundidade e abertura a ideia de que passividade pode ser transformação e potência – o que pede um diálogo franco e cuidadoso e (por que não?) afetivo com este complexo.

Referências[1]

AMBRA, P. Cartografias da masculinidade. *Revista Cult*, vol.242, fev. São Paulo: Bregantini, 2019.

CONNELL, R. *Gênero em termos reais*. São Paulo: nVersos, 2016.

COSSI, R. Masculinidade e paternidade. In: TEPERMAN, D.; GARRAFA, T.; IACONELLI, V. (orgs). *Gênero*. Belo Horizonte: Autêntica, 2020.

HILLMAN, J. Negative Senex and a Renaissance Solution. In: HILLMAN, J. *Senex & Puer* (Uniform Edition of the Writings of James Hillman; v.3). Putnam: Spring Publications, 2005.

HOCQUENGUEM, G. *O desejo homossexual*. Rio de Janeiro: A Bolha, 2020.

JUNG, C. G. *Civilização em transição* (Obras Completas de C.G. Jung; v. 10/3). Petrópolis: Vozes, 2000.

JUNG, C. G. *Os arquétipos e o inconsciente coletivo* (Obras Completas de C.G. Jung; v.9/1). Petrópolis: Vozes, 2002.

KIMMEL, M. *A sociedade de gênero*. Petrópolis: Vozes, 2022.

LAQUEUR, T. W. *Inventando o sexo*. Corpo e gênero dos gregos a Freud. Rio de Janeiro: Relume-Dumará, 2001.

PRECIADO, P. B. *Manifesto contrassexual*: práticas subversivas de identidade sexual. São Paulo: Zahar, 2022a.

PRECIADO, P. B. *Eu sou o monstro que vos fala*: relatório para uma academia de psicanalistas. São Paulo: Zahar, 2022b.

[1] Ver dados na reportagem presente em https://catarinas.info/colunas/brasil-invicto-como-campeao-no-consumo-de-pornografia-trans-no-mundo-e-de-assassinatos/, acesso em 26/01/2024.

SÁEZ, J.; CARRASCOSA, S. *Pelo cu*: políticas anais. São Paulo: Devires, 2022.

TACEY, D. J. *Remaking Men*: Jung, Spirituality and Social Change. New York: Routledge, 1997.

ZANELLO, V. *Saúde mental, gênero e dispositivos*: cultura e processos de subjetivação. Curitiba: Appris, 2018.

Quando Meu Paletó Enlaça Teu Vestido: Desafios da Individuação da Mulher e do Amor de Toni Wolff e Jung aos Tempos Atuais

Carmen Livia PARISE

Gostaria de contar para vocês uma história de amor e, até certo ponto, de individuação. A história de Jung e Toni Wolff. Esse relato é fruto de extensa pesquisa, mas me baseio aqui, principalmente, no precioso trabalho de Nan Savage Healy.

Toni Anna Wolff nasceu em setembro de 1888. Sua família era conservadora das mais distintas do cantão suíço. O pai Arnold era um bem-sucedido importador de seda da Ásia. Viveu no Japão como cônsul suíço por 20 anos. Aos 40, voltou para a Suíça para encontrar uma esposa e se casar. Casou-se com Anna Elisabeth Sutz, de 21 anos, uma mulher doce e preparada para as funções destinadas às mulheres de então. Toni foi a primeira filha, seguida de duas outras irmãs e logo se tornou a preferida do pai. Dele, herdou senso estético e de aventura.

Embora tenha sido educada como uma moça típica da elite suíça, sempre teve uma queda por um estilo de vida não convencional para a época. Cursou até o segundo ano do primário, quando foi enviada para um colégio de meninas em Genebra, onde aprendeu francês, boas maneiras e etiqueta para se tornar esposa elegível por um bom partido. Depois foi para Grã-Bretanha, aos 18, onde estudou inglês. Queria mesmo ir para universidade, mas só famílias que não possuíam uma boa condição financeira enviavam suas filhas para a universidade. Adquiriu sozinha um conhecimento admirável e convenceu o pai a deixá-la frequentar os cursos na Universidade de Zurique sobre filosofia, literatura, teologia e história, desde que como ouvinte, extraoficialmente.

Era descrita pelos colegas como uma mulher charmosa, encantadora e fascinante. Tinha uma presença poderosa, com uma aura de mistério. Do intelecto que todos se lembravam mais frequentemente. Brilhante, diziam. Extremamente introvertida, discreta e reservada, quando pessoalmente tocada, mostrava sentimento aficionado e sensível. A maioria de seus analisandos dizia sentir profundo senso de intimidade com ela.

Quando tinha 21 anos, em curto período de tempo, e repentinamente, perdeu o pai e William Wolfensberger, um amigo do curso de religião comparada que morreu na guerra, por quem estava apaixonada e com quem dividia ideias e o gosto por uma vida não convencional. Eram os dois homens significativos da vida dela, que reconheciam sua mente superlativa e validaram sua curiosidade filosófica. Antes de morrer, o pai pediu que ela desse suporte para a mãe, cuidando das finanças.

Toni sofreu de depressão e desorientação muito acentuadas, sendo levada pela mãe para uma consulta com Jung, em Setembro de 1910. Jung percebeu rapidamente que ela precisava de um novo objetivo para despertar seu interesse na vida e a contratou para pesquisas do que viria a se tornar *Símbolos da Transformação*. A proposta deu a ela a sensação de renovação e abertura de novas perspectivas. Jung sentiu, já no primeiro encontro, a química diferente que tinha com ela, disse que ela teve um efeito imediato nele e, pela primeira vez na vida, sentiu que podia dividir seus pensamentos mais íntimos e conversar em um nível profundo da psique. Ele respondia positivamente à sua graça elegante, seu senso de refinamento, decência humana e timidez evasiva. Na troca intelectual, ela trazia suas próprias contribuições, indicando direções acadêmicas e conhecimento de perspectivas orientais trazidas das vivências do pai. Achava que a perspectiva oriental servia melhor para o ritmo da psique que a perspectiva ocidental materialista.

Ela considerava o trabalho dela para Jung não só acadêmico, mas existencial, envolvendo vivência e experiência. O conceito dele de mulher introvertida veio dela, mulher que acima de tudo ama entender ideias. Vale dizer que Jung tinha um ar de estabilidade ao redor dele que ela sentia que criticamente precisava quando se viu em uma família só de mulheres, ela sendo a referência. A atenção entusiasmada que ele lhe devotava também foi curativa. Constatou, finalmente, que o trabalho a amarrava a Jung, que um casamento espiritual tinha se desenvolvido. Mas ela queria ir mais longe.

Nesse período, Jung estava casado com Emma há 8 anos e já tinham 4 filhos, o que fez com que Emma mergulhasse em um papel apenas maternal. Quando a análise de Toni terminou, apesar da enorme atração que sentia por ela, Jung achou que seria melhor que eles se afastassem. De fato, por um ano, eles não tiveram contato. No entanto, como não podia esquecê-la, apesar de todo conflito interno, ele a procurou. Na perspectiva da psique - ele entendeu - a relação era crucial. Esse entendimento lhe serviu de base para a noção de individuação e de Self, desenvolvidas posteriormente.

> Minha decisão estava tomada. Eu daria a essa mulher toda minha fé e confiança. Eu não quero falar nas tormentas que eu certamente terei que enfrentar. Tudo isso fica deslocado pela abundância de beleza e elevação que me foi permitido vivenciar... Toni é a segunda parte da minha alma, beleza feia e feiura bonita. Isso deve ser concluído fora (SHAMDASANI,2020, p.29).

Devido ao ambiente cultural em que cresceu, seu status social elevado, refinamento psicológico inato, inocência em matéria de romance e importância essencial para ele, Jung não queria que ela fosse vista como uma amante comum. Ele se referia à relação deles como um segundo casamento. Em seu texto de 1912, *Complicações neuróticas do romance familiar*, diz que há uma segunda mulher que o marido precisa, tanto quanto de sua esposa, com quem pode viver a personalidade número 2. Com ela descobriu um amor que perfurou o centro do seu ser e tocou a esfera especial da sua personalidade número 2 e seu Self criativo, seu conflito entre o convencional e não convencional encontrou um lugar. Pouco antes de sua morte, Jung disse a Laurens van der Post, que Wolff havia fornecido a “fragrância” de sua vida, enquanto sua esposa, Emma, havia fornecido “a base”.

Quando ele caiu nas profundezas terríveis das suas turbulentas visões, recorreu a ela, a única que considerava poder ajudá-lo a navegar na escuridão das suas fantasias: “Nenhum homem pode entrar seguro pelo portão escuro do mundo sombrio sem saber que uma pessoa que ele ama e confia profundamente tem fé absoluta na sua jornada e na sua coragem e habilidade de passar por isso.” Jung se referia a esse período como “o mais importante de sua vida, onde todo o essencial havia sido decidido” (HEALY, 2017, p. 85).

Juntos eles criaram um modelo de psique baseado nos arquétipos, que experimentaram primeiro nas próprias vidas. Suas perspectivas complementares produziam uma colaboração fértil que ativava nos dois sua natureza criativa:

> Como você sabe, esse livro (símbolos) veio daquele mundo que você me trouxe. Só você conhece a miséria da qual ele nasceu e em que espírito foi escrito. Eu o coloco em suas mãos como sinal de gratidão, que eu não posso expressar com palavras (HEALY, 2017, p.95).

Jung falava de um tipo extraordinário de amor, um vínculo onde os impulsos sensuais e as forças arquetípicas estavam combinadas. James Kirsch diz que nessa relação ele teve uma tremenda experiência de *coniunctio* e entendeu o misterioso aspecto místico da sexualidade, depois cunhando o conceito. Nos primeiros anos da relação com ela, escreveu em três dos seus ensaios sobre o valor psicológico da expressão sexual, mas mais tarde, nas revisões, apagou.

Jung costumava passar as quartas-feiras na casa de Toni, quando assumia os ares de dono da casa. Após o almoço, depois que os convidados se retiravam, eles iam para o quarto de

Toni e voltavam a se juntar à mãe dela para os drinks e jantar. Ela almoçava em Küsnacht com a família de Jung aos domingos e depois, enquanto as crianças brincavam, ele e Toni iam passear no jardim, onde falavam dos assuntos relacionados à psique. Iam também para o lago, onde permitia que Toni testemunhasse seu ritual de construção. Ela o observava silenciosamente, sentada na sombra, fumando seu cigarro e só falava com ele se ele falasse com ela.

Toni era sua musa, amiga íntima e mais leal colaboradora. Ela era sempre crítica, aquela que fazia um enquadre para a situação. Com seu brilho natural, intuição afinada para o psicológico e entendimento instintivo dos padrões arquetípicos, ela mediava a mente de Jung e suas ideias intuitivas com o mundo. Ele costumava dizer que um homem se beneficia enormemente de dividir seus pensamentos com uma mulher intelectualizada, pois ela fortaleceria a integridade de suas ideias. Via Toni como sua função pensamento. Foi ela quem cunhou o nome *psicologia complexa* e muito do que está no livro *Tipos Psicológicos* se deu pela insistência dela em clarificar uma ou outra coisa ou trazê-las num outro aspecto. Participou da criação das funções sensação e intuição. Não apenas ajudou a descobrir os conceitos centrais como a nomear os termos. A amplificação simbólica, importante técnica analítica, também foi desenvolvida quando procuravam por pistas nos mitos antigos e textos religiosos.

Toni tornou-se uma analista proeminente, só vindo depois de Jung enquanto renome no mundo junguiano. Por 21 anos, foi presidente do Clube Psicológico. Chegou radiante à inauguração do Clube, em fevereiro de 1916, acompanhada de Emma e Jung. Tornou-se diretora de ensino, cuidava da estrutura organizacional do clube, selecionava os tópicos de aula e aprovava os palestrantes do sábado à noite. Organizou também um grupo de mulheres - com Linda Fierz, Emma e sua irmã Susi - que se juntava para discutir os aspectos psicológicos pertencentes à psicologia feminina, focado exclusivamente na perspectiva das mulheres.

Como já mencionei, Toni sempre foi simpática a direções não convencionais e sentia que não cabia em um casamento tradicional. Temia que isso pudesse ameaçar seu foco intelectual. Para entender melhor a sua escolha de seguir esse padrão particular, ela resolveu examinar o que chamou de "essência" da psique feminina, trabalho que resultou em seu artigo *Formas Estruturais da Psique Feminina*. Ali ela descreve quatro tipologias, que definiriam o ponto de vista feminino inerente à estrutura arquetípica: Mãe, Hetaira, Amazonas e Médium. Ela e Jung a associavam ao tipo hetaira e médium.

A Hetaira seria a mulher-amante que cria um autêntico e profundo vínculo com quem ama, condição em que seu coração e espírito beneficiam a ela e ao outro. Seu desenvolvimento demanda que ela experiencie uma relação com todas suas nuances e profundidades, incluindo a expressão sexual. Precisam mais de uma relação individual que do casamento, uma conexão pessoal concentrada. Prioriza um senso de valor pessoal, apartado dos valores coletivos. Segundo Barbara Hannah, Toni aceitava sem hesitação qualquer experiência genuína que as pessoas tivessem e dava a elas um suporte firme com sua atitude calma diante do fenômeno mais irracional ou incrivelmente estranho.

Quanto ao aspecto médium, atribuía a ele a sua capacidade de dar voz ao seu material inconsciente e ao dos outros: "Uma mulher que seja altamente sensível ao inconsciente de seu parceiro, sente a base arquetípica do espírito dele, ativa ela nele e, em algumas circunstâncias, irá até representá-las pra ele" (HEALY, 2017, p.127). Foi através desse experimento mútuo que desenvolveram a imaginação ativa.

O processo vivido por Toni e Jung é, em parte, um ótimo exemplo de individuação transindividual, do papel central da conexão humana no eliciar e no desenrolar da individuação. Por vezes apenas testemunhando, outras vezes oferecendo uma escuta ativa e propiciadora de diferenciações, acolhendo e fazendo companhia ou apenas existindo e chamando do outro um novo modo de estar e ser, podemos dar passagem à existência de alguém. Reconhecer e amparar um processo de morte e renascimento psíquicos, regressão e progressão da libido. Diz Jabur no prefácio do livro Vestígios, de Amnéris Maroni:

> Dar passagem ao outro é ver a vida nascer, crescer, em si e no outro... A vida se recolhe no profundo deixando à mostra um solo onde a pessoa não consegue mais viver como vivia antes. Adaptada até então, o seu jeito de ser e funcionar deixa de fazer sentido. Nas mãos da angústia, um fio se des-tece, partida do ser. Um ser em travessia, com uma urgência visceral em ser testemunhado e comunicar o que descobriu, a vida como um jorrar de novas possibilidades e sentidos (MARONI, 2020, p.14-15).

Como já dizia Jung, o encontro de duas personalidades é como o contato de duas substâncias químicas: se há reação, ambas saem transformadas.

Diz Patricia Berry:

> Talvez o amor exista para nos trabalhar psicologicamente, emocionalmente, nos mais profundos níveis do ser. Você terá que ir mais fundo dentro de si mesmo, do seu terror e se tornar vulnerável mais uma vez. O amor precisa dessa exposição e dessa vulnerabilidade para se aprofundar (BERRY, 2007).

Será então através desse descentramento, via amor e por causa dele, que será possível reconhecer o que a alma quer conosco. Seguindo Hillman,

> Eros como um fazedor de alma, na medida em que aquele que amo carrega minha alma, tornando-se, para mim, figura de alma. E, ao levar minha alma, personificada em si, traz, nesse processo, a metáfora no formato de uma concretude. (HILLMAN, 1984, p.30).

Nesse ponto, uma discriminação/advertência se faz necessária. Ao nos relacionarmos com o outro como realidade psicológica, é importante que não colonizemos sua alteridade: um outro-janela, não um outro-espelho. O mundo moderno é identitário, narcísico. Para me relacionar com o outro, reduzo-o a mim, a um pedaço meu. Nesse sentido, em 1944, a propósito de um sonho, Toni notou que Jung enfatizava indevidamente o nível subjetivo: "porque ele precisava realizar a anima... ele me introjetou e tomou minha substância" (SHAMDASANI,2020). Jung atribuía a uma suposta essência e natureza psicológica da mulher trazer as ideias do homem à vida. Diz Toni em seu diário:

> O que C. alcançou agora, se baseia em mim. Através da minha fé, amor, compreensão e lealdade, eu o guardei e o trouxe à luz. Eu fui seu espelho, como ele me disse. Mas todo meu sentimento, fantasia, mente, energia, responsabilidade trabalhava para ele. Tenho um efeito, mas não tenho substância. Eu lhe dei a vida dele. Agora, ele devia dar-me a minha e ser um espelho para mim (SHAMDASANI,2020, p.96).

Esse aprisionamento de Toni no mundo de dentro de Jung, como uma continuação psicológica dele, teve outras consequências. Toni ajudou a formular as definições do capítulo final de *Tipos Psicológicos* e nunca levou créditos por isso. Jung não a referenciou intelectualmente em seus escritos por 16 anos, depois disso há apenas 4 notas de rodapé com uma breve referência.

Os biógrafos tradicionais contam de um grande homem que altera a história por conta de sua genialidade, a singularidade de sua criatividade e os resultados de seus esforços solitários. Mark Saban aborda esse tema mostrando como o fato das relações externas de Jung terem sido interiorizadas em sua biografia ajudou a construir esse mito. Maria Moltzer criticava Jung por focar exclusivamente na parte individual da individuação. Ela dizia que a arte de viver ricamente com outros na dimensão humana deveria ser tão importante quanto avançar em relação ao Self.

Jung adotou duas vidas distintas no mundo externo, o que resolveu a tensão e cisão interna dele, mas ao atribuir às duas mulheres a incumbência de carregarem parte de sua psique, criou uma fissura na vida delas. Toni sentia que a fama e o sucesso de Jung o estavam tirando dela cada vez mais e se ressentia de suas obras, ideias, pacientes, palestras, Emma e filhos "Novamente penso em como ele realizou suas ideias famosas através do relacionamento comigo (o que ele admite apenas ocasionalmente) e como ele é famoso agora e que E. está com ele ao invés de mim. E que nunca posso acompanhá-lo" (SHAMDASANI, 2020, p 97). Via-se como Ariadne em Naxos, abandonada na ilha após guiar Teseu pelo labirinto.

Por dois momentos, mais especificamente, Toni fomentou o desejo de que Jung se separasse de Emma e se casasse com ela. Em seu ensaio *Alguns Pensamentos sobre o processo de individuação em mulheres*, ela escreve:

> Toda mulher que tiver nas mesmas circunstâncias, vai, eventualmente, querer se casar com seu parceiro... Primeiro, ela acreditará que estará satisfeita com nada mais que a força do amor deles para sustentá-la. Mas, conforme o tempo passa, ela irá querer mais.

O primeiro desses momentos foi nos anos 20. Com a negativa de Jung, eles chegaram a romper e por alguns meses nem mesmo tiveram contato.

Em 1927, ao falar da psicologia feminina, Jung postula o *tipo-mãe* e o *tipo-anima*. Diz que no tipo anima, a característica mais marcante é que o elemento maternal é inteiramente faltante. Assim como a hetaira, ela seria uma companheira espiritual do homem, uma amiga íntima, uma *soror mystica*. Da mesma forma, um tipo mãe não poderia se tornar seu oposto, uma musa espiritual. Uma hetaira só poderia maternar filhos espirituais, tal como um trabalho inovador criado junto com um homem. Sua missão seria trazer criatividade à vida através dos relacionamentos, tornar concretos e reais os pensamentos de um homem, ser a esposa no nível da alma, fazendo o homem renascer num sentido espiritual. Toni finalmente foi convencida por Jung e passaram a promover essa visão, em suas clínicas, inclusive, de que um homem deveria ter ambas, uma mãe e uma mulher hetaira, na sua vida.

A decisão de Toni de ficar na caixinha psicológica tão apertada, a condenou, no entanto, a uma vida de solidão. Ansiava por uma relação inteira e viva com Jung, que pudesse ser vivida no mundo. Quando desistiu disso para se tornar a anima perpétua de Jung, também ela colocou a dimensão arquetípica acima da humana, trocou uma vida imanente humana por uma essencialmente transcendente que, paradoxalmente, deixa de ser anímica porque paralisa o devir.

Depois dos anos 20, Jung voltou sua atenção para o estudo da alquimia, o que o levou para longe da criação da teoria analítica e de Toni Wolff. Toni rejeitava o estudo da alquimia e tinha um interesse crescente no simbolismo do cristianismo. Por volta de 1937, quando Jung retornou da Índia, um afastamento cada vez maior começou a acontecer entre eles. Até que em 1944, Jung teve uma crise cardíaca que o levou a ficar 4 meses no hospital. Emma não autorizou visitantes, Toni inclusive.

Jung saiu de lá mais apegado a Emma e apreciando ainda mais os cuidados que ela lhe tinha dedicado todos esses anos. Foi o fim oficial com Toni. Em um nível profundo, isso começou nos anos 20. Abandonar aquele sonho tinha sido o maior desafio da vida dela. O que começou como um casamento sagrado, acabou como sacrifício não dos pequenos egos, mas de um senso profundo de um chamado de alma para ela.

Jung continuava incluindo Toni em seu círculo pessoal e passando tempo com ela. Ela continuava acompanhando-o nas viagens de trabalho. Nos anos 40, 50, ela desfrutava de uma enorme estatura na comunidade analítica. Apesar da mudança de papel na vida de Jung, ela continuava sendo um pilar do enclave junguiano. No entanto, foi se tornando uma pessoa frugal e restringiu a ela mesma tanto quanto ou mais que a vida mesmo o fez. Impôs a si mesma um regime espartano, na esperança de atingir uma transcendência espiritual. Nos anos 40, sua mãe morreu. A mãe era uma pessoa encantadora e se ocupava de receber as pessoas. Toni era uma introvertida e se tornou mais isolada que antes. Desenvolveu uma dolorosa artrite nas duas mãos e pés, causando uma dor debilitante. Continuava sendo fumante inveterada.

Nessa época, houve também a fundação do Instituto de Zurique. Quando Jung anunciou o quadro diretor - para espanto de todos, inclusive da própria Toni - o nome dela não estava lá. Jung alegou que não queria pessoas muito introvertidas na diretoria, pois elas não saberiam lidar com o mundo, além disso, uma tarefa assim lhes roubaria tempo e energia. Toni não sorria mais, queria ser tratada formalmente como "Miss Wolff", respondia às perguntas com sarcasmo e brevemente. Nos chás de quarta à tarde no Instituto, único momento que tinham agora, Jung a tratava com desdém. Ruth Bailey, sua cuidadora na época, queria deixá-los a sós, mas Jung a pedia para ficar e conversar com Toni, enquanto ele lia romances policiais.

Em 21 de Março de 1953, Toni morreu repentinamente.

Jung ficou tão chocado com sua morte que não conseguiu ir ao funeral. Seu filho Franz disse que Jung se sentia culpado como se, de certa forma, tivesse causado sua morte. Depois de muitos anos de silêncio, Jung procurou a irmã de Toni, Susi. Ele lhe escreveu muitas cartas preenchidas com luto, autorrecriminação e, acima de tudo, compulsão de falar de Toni. Ele recontava suas aventuras com ela, experiências pessoais que dividiram e seu orgulho dela ter prestado serviço na segunda guerra. Falou do quanto ele ficou desapontado quando ela parou de escrever poesia e ficção e o quanto ele sentia por ela não ter se tornado a grande escritora de literatura que ele sabia que ela teria sido. Falou também da tremenda contribuição que ela deu para psicologia analítica.

Anos depois da morte dela, em uma entrevista, Jung falou do amor que viveu com ela dessa forma: "Um tipo raro de amor, nunca destinado ao casamento, que permanece, acima de todos os outros ... só um poeta poderia entender" (HEALY, 2017). Falava de um amor eterno e arquetípico que une um homem à sua alma.

No movimento analítico, no entanto, poucos anos após sua morte, a memória de Toni começou a ser apagada no Clube Psicológico e no Instituto. Até mesmo seu retrato foi retirado. Nessa ocasião, a irmã Susi devolveu as cartas dela para Jung, que as queimou. Em *Homem e Seus Símbolos* está reproduzida a famosa foto dos participantes da Conferência de Weimar, em 1911. Abaixo da imagem os nomes estão relacionados: Jung, Emma, Freud, Otto Rank etc. Toni não está nomeada. Há também o capítulo faltante no *Memórias, Sonhos, Reflexões*, onde Jung discutia a presença de Toni em sua vida e no movimento analítico.

Quantas e quantas histórias como essa já não vivenciamos ou ouvimos de nossas amigas e pacientes? De amores tão especiais, que nos fazem crescer tanto, descobrir tantos outros em nós e, de repente, estancam? Me pergunto se nossas ficções amorosas estão mesmo livres para serem imaginadas e o quanto os estereótipos, estruturas e complexos culturais que nos atravessam e aos quais estamos submetidos ferem essa imaginação.

No caso de Toni e Jung, por exemplo, me pergunto a quem podemos atribuir o desfecho trágico da história. Não teria Jung, sendo o psiquiatra de destaque que foi, percebido o complexo paterno de Toni? E nesse caso não deveria, em nome da ética, ter manejado melhor sua transferência? Por que Toni, sendo a mulher inteligente e autônoma que sempre foi, se deixou abandonar e definhar no mundo interno de Jung ao invés de buscar um outro lugar na arena do mundo externo que comportasse melhor sua estatura? Para entender melhor tudo isso, talvez um bom ponto de partida seja compreender melhor em que contexto e psique coletiva eles estavam inseridos.

Por pouco que possa nos parecer nos dias de hoje, vale dizer que tanto Jung, quanto Toni e Emma fizeram muito esforço para encontrar um jeito, um lugar onde essa história pudesse caber. Estamos falando da Suíça, dos anos 10 aos anos 50, um país bastante conservador e patriarcal, onde sempre houve resistência a mudanças. Basta lembrar que apenas em 1971 a Suíça garantiu o direito ao voto feminino em nível federal. As mulheres não podiam trabalhar sem autorização do marido e as mais jovens podiam até ser presas por terem relações amorosas. Imaginar que foi nesse contexto que esse triângulo amoroso teve lugar, da maneira como foi e que Jung considerava Toni como uma verdadeira parceira intelectual, parece digno de nota.

A Suíça, no entanto, não era um caso isolado. Voltemos um pouco mais na história da Europa para entender de que maneira se formou nossa noção de família, homem, mulher e amor romântico.

Na transição do feudalismo para o capitalismo, a Europa vivia uma imensa crise populacional e, portanto, de mão de obra, devido à guerra dos 100 anos e à peste bubônica, que, juntas, dizimaram um terço de sua população. Mais para frente com o despontar da revolução industrial a necessidade de formação de núcleos familiares que produzissem pessoas se tornou fundamental. A partir daí, a mulher é levada para o lar, há a apropriação privada do seu útero e este se torna um significante despótico da existência dela, a mulher como máquina de reprodução. Está fundada a família nuclear burguesa. Os pilares dessa estrutura seriam, por um lado, um sistema sexo-gênero binário que se vale da romantização de desejos e afetos e; por outro lado, a epistemologia colonial e capitalista que privilegia as práticas sexuais reprodutivas como estratégia de gestão da população para reprodução da força de trabalho e para o consumo. Aqui é o capital e não a vida que se reproduz.

No ocidente até o período da alta Idade Média, as mulheres circulavam pelas cidades, trabalhavam, participavam de comunidades de plantio e de experiências religiosas. Há registros da presença de mulheres em papéis de decisão e liderança.

Já na Grécia aristotélica, eram os homens livres, não estrangeiros e cidadãos quem detinham discurso sobre si e podiam circular na pólis, nos espaços públicos, pois seriam possuidores de *logos*. As mulheres eram tidas como mais próximas da animalidade, habitavam o *óikos*, o ambiente doméstico, e, portanto, não detinham discurso sobre si. Sua forma de vida era próxima ao conceito de *zoé*, uma vida destituída de qualquer importância, que não tem a si mesma, submetida ao *pater familiae*.

Silvia Federici nos conta que na já citada transição entre feudalismo e capitalismo, ao se buscar a disciplina social, um ataque foi lançado contra todas as formas de sociabilidade e sexualidade coletivas, incluindo esportes, jogos, danças, funerais, festivais e outros ritos grupais que haviam servido para criar laços e solidariedade entre as pessoas. O cercamento físico operado pela privatização da terra foi ampliado por meio de um processo de cercamento social. No início da Idade Moderna, as mulheres não podiam mais realizar atividades econômicas, nem representar formalmente a si mesmas, foram proibidas de reunirem-se entre amigas e, se casadas, desencorajadas de visitarem seus pais.

Retomando o histórico descrito na introdução, será apenas por volta dos anos 20, na fase que alguns convencionaram chamar de primeira onda do feminismo, que as reinvindicações de aparição desse corpo como forma política começam a se organizar como luta, a fim de problematizar a soberania de um tipo de estado que havia sempre sido masculino. Mais para frente, em 1949, já na segunda onda, Simone de Beauvoir lançará *O Segundo Sexo*, obra que é um marco do movimento feminista. A obra trará discussões em torno do caráter socialmente construído do que chamamos mulher, bem como da forma que se constrói a opressão das mulheres. Será nela que Beauvoir postulará que "não se nasce mulher, torna-se mulher", querendo dizer com isso que a mulher não tem existência própria, mas é constituída como um outro subalterno do homem. E que é transformada nisso pelas práticas sociais de subalternização. Beauvoir irá explorar quais os processos que estabelecem a subalternidade e inferioridade das mulheres, mostrando que essas são treinadas para serem um apêndice do homem. O homem se afirmaria através da identificação com seu sexo e se tornaria sujeito através da oposição ao sexo feminino, transformando esse em objeto ao invés de sujeito.

Em 1968, Kate Millet irá lançar *A Política Sexual*, onde construirá a ideia de que mesmo o âmbito pessoal da vida é político e que a opressão que as mulheres sofriam existia também nesse âmbito. Não se trata mais de uma reivindicação de lugar apenas no espaço público, mas da complexidade do direito à intimidade, de que a mulher seja tratada no lar como forma de vida politicamente relevante, que seja considerada como pessoa. Começa a ficar claro que toda relação entre um homem e uma mulher estará necessariamente atravessada por uma desigualdade fundante: a desigualdade de gênero.

Será também durante a segunda onda do feminismo que Betty Friedan lançará *A Mística Feminina*, em 1963. Nesse livro ela investigará como as mulheres americanas vivem sua condição de donas de casa. Essas mulheres eram esposas e mães, o que supostamente deveria ser o destino biológico de toda mulher, porém sofriam do "mal que não tem nome", relatavam sentir uma frustração constante e indefinida, sentimento de vazio e angústia. As consequências de se levar adiante essa condição dita natural da mulher eram desastrosas, basta lembrar que muitas mulheres foram internadas em manicômios apenas por não quererem casar, terem amantes, não quererem ter filhos ou serem donas de casa, como se tivessem uma espécie de transtorno contra a natureza. Vale lembrar que quando todas essas discussões aconteceram, Toni já havia morrido. Foi contemporânea apenas do movimento sufragista.

Diante da lógica supracitada, a identidade masculina oferecida aos homens na sociedade patriarcal é daquele que não deve chorar nem expressar mágoas, solidão ou dor; deve ser duro e mascarar seus sentimentos verdadeiros e/ou não sentir nada. Todo homem traz em si um menino que foi silenciado pelo sadismo paterno, por um mundo patriarcal que não quer que ele reivindique seus reais sentimentos. E as mulheres, meninas que foram ensinadas a ser outra coisa que não elas mesmas, negar seus sentimentos para agradar os outros e manipulá-los. E isso as aliena de seus sentimentos. Estamos destinadas a sermos mães ocupadas com a educação dos filhos ou amantes secretas à disposição para satisfazer as necessidades dos homens.

Além disso, segundo Vassalo (2022), a égide heteronormativa monogâmica, nos faz subalternizar afetos, laços e partilhas que estão fora do espectro do amor romântico. Vivemos uma dinâmica hierárquica, de confronto e exclusão, sustentada pelo capitalismo afetivo, onde o individualismo extremo se opõe à ideia de redes afetivas. O casal se tornaria então o último refúgio contra um mundo hostil, de indiferença generalizada em relação ao destino dos nossos semelhantes e nosso ambiente.

Me pergunto como podemos, nesse contexto, gerar espaços de reconhecimento que não nasçam completamente submetidos às lógicas capitalistas, mas a serviço de dinâmicas de cuidado. Em seu livro *Amar para Sobreviver - Mulheres e a síndrome de Estocolmo social*, Graham (2021) tenta compreender a dificuldade das mulheres de saírem do lugar desse Outro subalternizado dos homens e produzirem discursos próprios sobre si. Graham pode perceber o medo que muitas de nós sentimos de perder o que supostamente seria o único relacionamento que esteve disponível para nós nesse período de isolamento prolongado no interior da família e, com ele, os cuidados, a proteção e a segurança. Há também o medo de perder a identidade que nos resta, ou seja, nossa personalidade vista pelos olhos dos homens.

Graham defende que há na cultura uma espécie de generalização da Síndrome de Estocolmo, que se caracteriza pela afeição da vítima ao seu captor. A autora realizou um sério levantamento de estudos científicos sobre mulheres vítimas de violência, a fim de definir o que chamou de "teoria do abuso interpessoal crônico". E foi através desse levantamento que a autora postula que a psicologia da mulher é, na verdade, a psicologia da mulher em situação de cativeiro. Será essa circunstância que eliciará na vítima uma sensação de enorme vulnerabilidade e mesmo de ameaça da sua sobrevivência, sensações essas que demandarão uma necessidade urgente de cuidado e proteção. Neste estado de isolamento e total desamparo, sem ter a quem recorrer, a vítima se volta para o próprio agressor, em busca de manifestações de cuidado, gentileza, empatia ou afeição. Ela passa então a ficar hipervigilante, a fim de antecipar ativamente as necessidades dele e fazê-lo feliz, o que, em sua fantasia, garantiria sua sobrevivência.

Quando ao ser rejeitada por Jung, Toni se deixa definhar

existencialmente ao invés de explorar outros lugares e papéis existenciais, me pergunto se havia nela o vislumbre dessas outras possibilidades? Em um mundo onde a mulher sequer tinha direito ao voto e seu valor era definido pelo olhar do homem sobre si, não teria sua imaginação ficado refém do ressentimento de ter sido abandonada e da esperança de tecer uma continuidade, a fim de garantir uma sobrevivência?

Diante desse quadro, parece sensato dizer que é necessário que abandonemos a ideia de que o amor é apenas um sentimento, como já apontou bell hooks (2021), e passemos a entendê-lo como ética de vida. O amor não está dado, é uma construção cotidiana, atravessada pelos estereótipos e ideologias de uma época.

Amor e poder são incompatíveis. Já dizia Jung que onde o desejo de poder é primordial, o amor estará ausente. Mas que outras ficções poderíamos tecer então sobre o amor? bell hooks fala de um amor que é muito mais que uma afeição profunda por uma pessoa. Ela propõe um entendimento do amor como ação, como vontade de se empenhar ao máximo para promover o próprio crescimento anímico e o da outra pessoa. Uma aliança sagrada cujo propósito é ajudar ambos os parceiros a descobrirem e realizarem seus potenciais mais profundos. Nesse sentido, o amor seria uma prática subversiva ao individualismo capitalista e à hierarquia patriarcal.

Penso também se no caso de Toni e de tantas outras de nós, mulheres, não teria feito diferença criarmos outras práticas comunitárias entre nós que não apenas o foco nos homens e na família. Circularmos e investirmos em outros espaços, nos autorizamos a viver outras possibilidades existenciais, inserir outras lógicas às nossas ações. Talvez assim nossos corpos pudessem causar certo risco ao próprio regime significante a que estamos submetidas, na medida em que rompemos o isolamento psicológico e podemos ser cuidadas, validadas e apreciadas por outras mulheres, o que nos tornaria menos dependentes da validação e do olhar masculinos como fonte de autoestima. Isto certamente alimentaria nosso crescimento pessoal e também proporcionaria alguma renovação política.

Se essas categorias tais como homem, mulher, família não existirem mais como essências, ainda mais essas que aprendemos, quem seremos nós então? Como amaríamos e desejaríamos?

Da Matta (2023) aponta que no tecer dessas novas ficções é importante compreender o que precisa ser sacrificado, quais são as fantasias que precisam ser abandonadas. Trata-se de uma espécie de luto destas idealizações fantasiosas que serviram de suporte para a sobrevivência psíquica. Dessa forma, poderíamos libertar nosso corpo de mulher para contar de outras ficções possíveis e criar novos territórios existenciais.

Temos pela frente o desafio de construir essas outras narrativas, necessariamente polifônicas, que possam imaginar e construir outras formas de viver, que incluam outras possibilidades, inclusive - ou talvez, principalmente - as que foram negadas, reprimidas e negligenciadas. As Identidades não dão conta da vida. A vida ultrapassa e transforma as identidades porque os nossos modos de vida não estão contidos pelas identidades que nos constituem. Em oposição a um Estado que ama identidades e que não sabe o que fazer com travessias, já anunciou Paul Preciado: "não trago nenhuma notícia das margens, trago notícias da travessia. Não existem margens opostas, estamos todos na encruzilhada... na multiplicidade radical da vida e no desejo de mudar o nome de todas as coisas", pois a insurgência de "outras práticas políticas, maneiras de sociabilidade e modos de existir, de se relacionar com a vida, com o tempo e com os outros seres" (PRECIADO, 2020 p.25) insistem em resistir e se insurgir.

Concluo, por fim, afirmando que não há essências, nem lugares essenciais, o que há são padrões particulares de respostas arquetípicas. O que há é o desejo, que nos faz construir modos de estar no mundo.

Referências

BEAUVOIR, S. *O Segundo Sexo*. Rio de Janeiro: Nova Fronteira, 1949.

BERRY, P. *Por Que Falhamos No Amor?* Apresentação Oral realizada no XV Congresso da Associação Junguiana do Brasil: Amor. Atibaia, 2007.

DA MATTA. P.H.D. *A clínica do trauma do abuso sexual: um estudo sobre os efeitos do abuso de poder masculino e a inferioridade feminina*. Monografia apresentada como requisito parcial para a conclusão do processo de formação de analista junguiana. Instituto de Psicologia Analítica de Campinas, 2023.

FRIEDAN, B. *A Mística Feminina*. São Paulo: Rosa dos Tempos, 1963.

GRAHAM. D.L.R. *Amar Para Sobreviver: mulheres e a síndrome de Estocolmo social*. São Paulo: Editora Cassandra, 2021.

HEALY, N.S. *Toni Wolff & C.G. Jung: A Collaboration*. New York:Tiberio Press, 2017.

hooks, b. *Tudo Sobre o Amor*. São Paulo: Novas Perspectivas, 2021.

HILLMAN, J. *O Mito da Análise*. São Paulo: Editora Paz e Terra, 1984.

MARONI, A. *Vestígios: Epifanias e Individuações*. São Paulo: Intermeios, 2020.

MILLET, K. *A Política Sexual*. Lisboa: editora Dom Quixote, 1968.

PRECIADO, P.B. *Um Apartamento Em Urano: Crônicas da Travessia*. Rio de Janeiro: Zahar, 2020.

SABAN, M. *Two Souls Alas*. Zurique: Chiron Publications, 2019.

SHAMDASANI, S. Em Busca de Uma Ciência Visionária: Os Cadernos de Transformação de Jung in *Livros Negros*. Petrópolis: Vozes, 2020.

VASSALO, B. *Desafio Poliamoroso - Por Uma Nova Política dos Afetos*. São Paulo: Elefante, 2022.

Cem Anos de Monogamia e o Amor Vai de Mal a Pior: O Retorno de Eros à Comunidade

Carmen Livia PARISE

Anaís Nin, precursora do feminismo e uma mulher que teimou em viver intensamente e gestar através de seu próprio corpo tantos mundos no universo feminino disse certa vez: "Penso que se escreve para um mundo no qual se possa viver" (NIN, 1954). Bem, permitam-me começar essa reflexão exercitando a utopia com ela:

Querida Anaís,

Será que seremos capazes de imaginar uma nova economia dos afetos? Me pergunto se essa demanda por atenção, disponibilidade, exclusividade não está sustentada em uma economia capitalista demais: nunca chega, queremos sempre mais, acumulação sem propósito e sem senso de coletividade. Não estaremos nós inventando amores para consumo imediato e para espantar a morte, gerando uma atitude de dívida e cobrança afetiva?

Onde foram parar valores como a generosidade, o viver solidário? Compartilhar o que temos, doar, dividir, fazer consciência da circularidade econômica. Será que nunca reconheceremos o distribuir como recurso, potência e sustentabilidade ecológica? Compartilhar nossos dons e receber as dádivas dos outros.

Poder não precisa ser indesejável. Já dizia Foucault que estamos imbricados em lógicas de poder. Mas talvez seja hora de sofisticarmos isso: dar para o outro, sem ter que subjugá-lo ou me sentir melhor porque sou mais que o outro. Dar porque está em excesso, ou porque não me importo de doar, entregar. Como quem participa levando o seu melhor. Construir uma nova lógica, onde partilhar significa trocar para fazer fluir, movimentar. Temos que rever essa equação onde o dar só acontece porque me beneficia. Isso não tem beleza alguma.

Esse amor conformado na inteligibilidade social é muito pouco imaginativo, cara Anaís. É padronizado, não enxerga particularidades. Vinícius de Moraes já dizia que a vida é justamente a arte do encontro. Encontrar requer arte. Criação e destruição. Será que não há amor a partir de uma lógica diferente da nossa, do contexto e dos limites do outro? Há lugares de intimidade que nos revelam até mesmo para nós mesmas. Vamos com a gente até onde a gente vai com o outro, não é mesmo? Na radicalidade, eu e outro nem existem. Nossas peles não são mais que uma infinidade de buracos e de perfurações através dos quais todos os corpos se interpenetram e se diluem. O interior e o exterior afundam em uma profundidade universal. Uma profundidade que engole os sentidos, mas está prenhe de tantos outros. Certa vez, você disse que a vida se contrai ou se expande proporcionalmente à coragem do indivíduo. Pois que tenhamos muita coragem de nos deixarmos diluir nessa profundidade e esperar os novos fragmentos de nós que se precipitarão daí.

E como será que podemos estar profundamente envolvidos com o outro sem possuí-lo, sem limitá-lo, mas ao contrário, ser presença ativa no propiciar suas diferenciações, descobrir outros em si e no mundo, como um abraço de corpos que fossem repletos de buracos para que o outro possa admirar o céu através de mim, enquanto me abraça e para que e eu possa contemplar o reflexo das nuvens nos seus olhos. Uma política da concomitância. Mas que não exclua, no entanto, aquilo que é só nosso, que só se produz nesse encontro. Nem mais, nem menos que outros, diferente. Essa comunidade que tem músicas distintas, mas que tem uma afinação muito forte, um desejo revolucionário e uma necessidade de não ficar engessada, de não morrer em vida, morte na vida das regras e das normas. Uma vontade de criar, de poder saber que pode fazer mais. Não uma sede de poder, mas de existir. O poder de criar mais e melhores possibilidades de vida em um mundo que ama identidades e não sabe o que fazer com travessias.

Não, querida Anaís, nossos corpos não são destino, eu e você bem sabemos. Prefiro acreditar que são um meio de fazer caminhos. Todos aqueles que a gente, numa ética profunda e engajada, desejar. Obrigada por inaugurar em nós a possibilidade de tantos deles. Com carinho, Carmen.

Somos levados a acreditar que algumas coisas existem exatamente como são hoje desde que o mundo é mundo. Esse é o caso do sistema monogâmico e da ideia que temos de família. Mas nem sempre a vida se organizou dessa forma. Antes mesmo da organização da família burguesa, existiam comunidades não sanguíneas que funcionavam como núcleos da vida, sem ter a reprodução como objetivo. Quais será que eram as condições de vida que levaram à existência dessas comunidades? E em que momento elas passaram a serem penalizadas? Para podermos analisar como e onde essa história começou vou adotar o pressuposto de que a monogamia é um sistema, e não uma prática, que se constelou ao longo de um período histórico.

Para pensar essas questões, Brigitte Vassalo retoma o Movimento dos Comuns, ocorrido no Reino Unido na transição entre Feudalismo e Capitalismo. No Feudalismo, as terras pertenciam aos senhores feudais, porém com o passar do tempo, essas mesmas terras passaram a ser usadas como terras comuns do povo, das quais as famílias pobres extraíam uma infinidade de recursos. A partir do século XVII, com o auge do comércio têxtil, a terra começou a ser usada para o pastoreio de ovelhas que alimentavam essa indústria, logo, seus "proprietários" quiseram recuperá-las após séculos de uso comunitário, cercando-as. Tendo seu meio de subsistência tragicamente retirado, uma população enorme empobreceu e migrou para as cidades procurando outras formas de sustento.

Vassalo retoma o impacto que a delimitação das terras teve na vida comunitária e nas formas relacionais, uma vez que a família nuclear começa a ser priorizada e os laços de apoio mútuo, criminalizados. Leis foram criadas para dificultar ou proibir as formas de vida comunais, o entretenimento e as celebrações comuns. No novo hábito, a vida em comum acontecia apenas nas igrejas, onde os rituais giravam em torno da culpa e das obrigações.

Em relação às práticas religiosas, aliás, Vassalo nos conta que anteriormente ao Cristianismo, as orgias como formas litúrgicas eram prática comum dos povos mediterrânicos. Havia também o sexo comunal presente em celebrações populares do campesinato como parte da construção comunitária: sexo recreativo como elemento de coesão de grupo.

Foi só no século XII que a igreja considerou o casamento como sacramento, regido por leis divinas. No entanto, demorou para que o Estado atingisse toda a população, em especial as classes populares. A partir dessa implantação do casamento como instituição, foram adotados vários mecanismos de controle sobre as práticas sexo-afetivas com objetivo de reposicionar a reprodução e a filiação: intensificaram-se os ataques a toda espécie de sexo não reprodutivo, foram impostas a genitalidade, a privacidade, a utilidade e um descrédito dos desejos sexuais, vinculando suas práticas com culpa, vergonha ou nojo. A igreja fez da sexualidade uma questão de estado.

A lógica de repressão dos corpos foi extensiva a todos os espaços da vida comunitária. Como nos conta Silvia Federici (2007): "Ao se buscar a disciplina social, um ataque foi lançado contra todas as formas de sociabilidade e sexualidade coletivas, incluindo esportes, jogos, danças, funerais, festivais e outros ritos grupais que haviam sido criados para criar laços e solidariedade entre trabalhadores".

Vassalo aponta que os processos de cercamento, de privatização, de mercantilização e instrumentalização da vida em favor do capital nascente se estenderam de maneira quase global por meio das colonizações, dos genocídios perpetrados por esses mesmos poderes europeus em territórios transatlânticos, no tráfico de pessoas escravizadas, no feminicídio da caça às bruxas e no extremo empobrecimento dos camponeses para convertê-los em trabalhadores assalariados.

Voltando à nossa questão inicial, podemos dizer então que o sistema monogâmico resulta de uma forma de cercamento e repressão diretamente relacionadas com o surgimento do capitalismo e a criação do racismo colonial que produzirão "sujeitos castrados em sua capacidade de se relacionar, trancados no próprio corpo e na posse de corpos alheios, confrontados pelo temor a uma alteridade desumanizada" (VASSALO, 2022). Percebam que aqui é imprescindível a distribuição hierárquica entre identidades confrontativas.

Nesse sentido, é importante apontar a estreita relação entre o sistema monogâmico e o sistema binário sexo-gênero, uma vez que tanto a construção da masculinidade, quanto da feminilidade hegemônicas desempenhadas pelo casal burguês os levam à uma codependência, e, uma vez formado o núcleo reprodutor, ao cercamento e à propriedade privada deste. O grande atrativo para isso é o dispositivo do amor romântico, que nos é inculcado desde muito cedo como promessa de felicidade, e que engendra em nós o desejo de pertencer a essa ficção.

E quais os lugares dados à mulher e ao homem nessas identidades que então nasciam? Ainda como consequência da peste negra e da guerra dos 100 anos, ocorridos entre os séculos XIV e XV, a Europa vivia uma imensa crise populacional e, portanto, de mão de obra, devido à guerra dos 100 anos e à peste bubônica, que juntas dizimaram um terço de sua população. A necessidade da formação de núcleos familiares que produzissem pessoas se tornou fundamental. A partir daí, a mulher é levada para o lar, há a apropriação privada do seu útero e este se torna um significante despótico da existência dela, a mulher como máquina de reprodução. E prestadora de um serviço doméstico não remunerado, o que contribuirá para o acúmulo do capital naquela família. Está fundada a família nuclear burguesa.

No final da Idade Média, tanto as mulheres pobres como as mais privilegiadas perderam terreno em todas as áreas da vida social: não podiam realizar atividades econômicas, nem representarem formalmente a si mesmas; foram proibidas de reunirem-se entre amigas e, se casadas, eram desencorajadas a visitarem seus pais. O Capitalismo e o patriarcado juntos, como estruturas de dominação, produziram o afastamento das famílias nucleares de suas respectivas famílias estendidas e da comunidade, substituindo essas por uma unidade autocrática menor e mais privada.

Podemos dizer então que a monogamia se torna um paradigma relacional na modernidade, condenando os afetos ao destino de um único relacionamento e reduzindo diferentes expressões de amor ao modelo do casamento heterossexual, que será a imagem central para o amor desde então.

A partir disso, eu pergunto: será que somos livres para amar? Ou será que nossa imaginação amorosa está ferida e até determinada pelas estruturas a que estamos submetidos e complexos culturais que nos atravessam? bell hooks defendia que a dominação masculina sobre mulheres é barreira para o amor, uma vez que acreditava que onde há abuso e negligência, a prática amorosa fracassa. A autora diz que da forma como a masculinidade foi construída, os homens são encorajados a fazer o que for preciso para manterem sua posição de controle, incluindo mentir e esconder - inclusive de si mesmos - suas vulnerabilidades e sentimentos em geral. Já as mulheres são estimuladas a fingir e manipular, a mentir como forma de agradar, o que as alienaria de seus verdadeiros sentimentos e pode levá-las à depressão e à perda de autoconsciência. Toda essa lógica não autoriza a mulher a ter uma existência própria. Somos constituídas como um apêndice, um outro subalterno do homem, o que oprime nosso direito de circular na pólis e de ser, pois o âmbito mais pessoal da vida também é político. Essa composição é condição ótima para reprodução do capital, mas nos rouba a riqueza da vida. A vida é viva, um sucedâneo de adaptações e desadaptações das situações que se apresentam a nós e que nos constituem em determinado momento.

Esse movimento constante de progressão e regressão da libido é a própria individuação acontecendo. Esta diz respeito à vida em sua intensidade e, portanto, comporta tanto criação quanto destruição, o que é incompatível com identidades fixas atreladas à funcionalidade da norma e do processo civilizatório.

A energia primordial que vai atirando suas flechas e nos impondo o sentido para onde a alma quer que olhemos a cada momento é a energia erótica. Eros como aquele em nós que nos move, que nos chama. Para onde quer que Eros lance suas flechas, algo de psicológico está pedindo para ser criado, onde quer que a psique viva, Eros inevitavelmente constelará.

O que foi feito de Eros quando nasceu a ideia do casamento e do casal como base da família? Ronaldo Vainfas nos recorda que o casamento era alicerçado também na moral cristã, que fazia apologia ao casamento monogâmico e indissolúvel e condenava o desejo e o prazer. Ele nos conta que, na verdade, no início do Cristianismo se pregava o ascetismo, cujos valores essenciais eram a virgindade e a continência, a renúncia da carne para ganhar o reino dos céus. Virgindade era, portanto, a expressão corporal da alma triunfante sobre a morte, o devir e o tempo. O amor verdadeiro, o que tem valor, é o eterno, é o céu; aquilo que é fraco é essa vida imanente, mediada pela transformação.

Uma vez que não podia conter o desejo e a vida, um subterfúgio foi encontrado pela igreja: o casamento como concessão. Dizia São Paulo: "Mas se não podem conter-se, casem-se. Porque é melhor casar do que arder". (Vainfas, 1992). Esse discurso, preocupado não só com a cópula conjugal, mas com o desejo como um todo, foi a base do triunfo político da igreja e estabeleceu um fosso entre amor e sexo, assim como um divórcio entre amor e casamento: transformou o primeiro em caridade e o segundo em rito. Alçado ao mundo do sagrado, redimido enquanto instituição, o casamento seria espaço legítimo para o uso dos prazeres, desde que voltado para o seu fim natural, a procriação.

Mas Eros não se deixou capturar, sua flecha aponta sempre para a expansão. A partir dos séculos XI e XII, à margem dos tratados de moral, começam a surgir concepções mais secularizadas do amor, retratando os sentimentos profanos entre duas pessoas. O amor cortês era protagonizado pelo jovem rapaz e a mulher casada, os responsáveis pela invenção do casal amoroso. Aqui havia enlace de corações, jamais mistura de corpos.

No entanto, mesmo no fim século XIX, início do XX, quando o amor conjugal passa a ser um valor ideal do casamento, a ideia era que este deveria criar uma unidade entre o homem e a mulher, eliminando daí a alteridade entre os esposos. Casamento implica hábito e o hábito atenuaria as intensidades. A parte do amor banida do casamento foi buscar seu estímulo no mundo das relações ilícitas. Estas eram toleradas, desde que não pusessem em risco o casamento. Se o desejo fosse vivido na clandestinidade, a estrutura social e política da cristandade não seria abalada. Um mundo de interdição do desejo em prol da identidade, da conservação, da continuidade. Um recuo racional frente ao acontecimento, ao movimento vertiginoso de um constante nascer/morrer da natureza. Dioniso enviado ao exílio.

Recorrendo à metáfora mitológica, James Hillman diz que basta um toque de Hera, a deusa do casamento, para o priápico tornar-se deformado, vulgar e grosseiro. Hera nos convida a voltarmos as costas à Príapo, uma vez que ele era pagão, incivilizado e repugnante. Para Hillman, o domínio de Hera seria o das pessoas decentes, com valores familiares, do fogo resfriado ("melhor casar que queimar") que deixa de fora a imaginação sexual excessiva. Nesse universo, a mulher só pode ser uma esposa-mãe ocupada com a educação dos filhos ou uma amante clandestina à disposição.

Para adentrar ainda mais na psicodinâmica relacional a que somos submetidos no mundo patriarcal, continuarei me valendo da metáfora mitológica explorada no precioso trabalho de Hans Jeallouscheck. O autor trará Zeus e Hera como o casal por excelência do patriarcado.

Olhemos, com ele, primeiramente para Zeus. O que ele tem a nos dizer sobre a criação e o desenvolvimento dos homens nessa lógica? Zeus é filho de Cronos devorador, um homem impiedoso, austero, exigente. Uma vez que o medo lhe obstruía o acesso ao pai, a mãe era sua única fonte de atenção, e vice-versa. Filhos de mães defensoras e desafiadoras não encontram facilmente uma esposa, a menos que ela seja outra Hera, forte o suficiente para arrancá-lo desse lugar. Já Hera tinha posição forte em sua família, tipo uma substituta da mãe, só que o amor pelo pai - distante e inacessível- não era correspondido. A fim de conquistar esse amor, ela se torna competente, confiável e solícita.

De início, ambos escondem a relação, pois se a tornassem pública teriam que "abandonar pai e mãe". O homem-Zeus apenas continua com a mulher-Hera a relação de filho-amante que mantinha com a mãe. O amor adulto por uma mulher não tem condições de existir de fato e permanece nas sombras, amarrado aos domínios da mãe. Isso frustrará a mulher- Hera, que continuará vendo no pai o objeto dos anseios dela. Com o desenrolar da relação, o homem-Zeus começa a dissociar da mãe os aspectos negativos da imagem materna, transferindo--os para a mulher- Hera e deixa os positivos com a mãe, de quem tem saudades. A mulher Hera, vai demonstrando cada vez menos interesse por ele, pois já teve os filhos e precisa pôr em prática as responsabilidades que aprendeu. O papel de filho-amante é comumente transferido para um dos filhos. Os aspectos negativos do pai vão migrando para o homem- Zeus, enquanto os positivos permanecem no pai.

Ainda seguindo Jeallouscheck, os aspectos negativos que colocam um no outro dificultam o encontro com suas próprias identidades. Passam a combater esse aspecto um no outro e tentam forçar o respeito e o reconhecimento do outro. Nessa situação, surge a amante, a mulher-Sêmele, que personifica o que se perdeu no relacionamento de ambos: vigor, brilho, vitalidade, disposição para o amor e dedicação. O homem renasce nesse brilho, tem a sensação de que finalmente pode ser um homem de verdade, recupera o vigor sexual. Pode abandonar a imagem de homem racional e controlador e ser, com ela, criança livre.

Acontece que a imagem da mãe continua dividida dentro dele, logo, os aspectos positivos da mãe vão se encaminhando para Sêmele, criança livre e boa mãe numa só pessoa. Continua, portanto, a não ver nela uma mulher adulta. Sêmele, como a "mulher nas sombras", permite que a divisão entre a mulher tirânica e a mulher totalmente disponível permaneça. O homem Zeus combaterá uma e usará a outra, preservando assim a ordem patriarcal. Para Hera, Sêmele servirá de motivo para matar de todo a "Sêmele" de dentro dela, para não confiar nunca mais em ninguém que não nela mesma. Ambos precisam de Sêmele para expulsar de seu relacionamento o feminino, o infantil, o apaixonado, deslocando-os para um espaço irreal ao invés de libertarem esse aspecto um no outro.

Em Sêmele, no entanto, um desenvolvimento intenso se estabelece: seu amor a faz ultrapassar a menininha "que dança para o pai". Ela atinge sua forma adulta, e, portanto, deseja ver Zeus em sua forma inteira, terminar com o segredo, saber quem é o amante misterioso. Ela quer um Zeus inteiro e não parte dele. Acontece que ele não tinha verdadeiramente consumado uma transformação análoga à dela nesse processo. Ele quer continuar a viver na escuridão secreta a paixão dionisíaca. Sua imagem verdadeira e pública continua a ser do rigoroso homem controlador e invulnerável. Zeus então se mostra em sua forma antiga, como relâmpago e trovão, os símbolos do seu poder, poder que fulmina Sêmele, a mãe de Dioniso.

Zeus e a cultura que ele representa tentarão sempre manter Dioniso sob controle. Mas, envolver-se com Dioniso é travar conhecimento com a morte. O que surge através dele é tão profundo e abalador que não pode ser aprendido de imediato em um convívio pacífico. Algo precisará morrer.

Dioniso, deus do êxtase, do sair de si, da emancipação da tirania da personalidade usual, da loucura. Tira de dentro de nós aquele que não sabemos que somos. Aquele que nos libera das condições da existência cotidiana, que em seus arrebatamentos apreende a realidade mais profunda, uma vez que borra os limites entre o homem e os Deuses; a transcendência da razão e dos sentidos, expressando a vida em seu sentido mais radical: o eu precisa do outro para continuar sendo eu e escapar do destino de Narciso, que se afoga em si mesmo.

Parece-me que a vida humana busca ser algo mais que utilidade e suprimento de necessidades. Eros, como força primordial da vida nascida do caos, é escolhido pelos olímpicos quando esses não querem mais se submeter à Ananke, a necessidade. Nesse sentido, a verdade do erotismo é a traição, a autonomia de ser não é mais que o esforço de liberar a existência humana de sua subordinação à necessidade.

Quando aceitamos a dimensão dionisíaca da individuação, a vida se torna um fluxo eterno e contínuo de criação e destruição. George Bataille nos lembra que, em realidade, somos seres descontínuos, mas temos a nostalgia da continuidade perdida. Suportamos mal a situação que nos prende à individualidade perecível que somos. Diz Bataille que o domínio do erotismo é, essencialmente, o domínio da violação: quando Eros entra em cena é certo que a individualidade descontínua existente em nós vai subitamente se aniquilar: dois corpos que se juntam têm alguma individualidade, mas a fricção desses corpos faz com que não saibamos quem somos nós e quem é o parceiro, a junção desses corpos faz com que os dois não tenham mais limite e sejam uma coisa só, uma outra coisa. E, juntos, eles dão um salto para esse espaço etéreo, esse espaço abstrato, virtual, onde está nossa capacidade de transformar as coisas em representação, em imagem. Diz Viviane Mosé em entrevista à Maíra Scombatti no poscast e documentário Erotikos: "O erótico é quando o corpo se perde de si e se olha de fora sem a sua identidade, o retorno de um estado erótico é um retorno complementar e pleno de sentido, um sentido que não é lógico" (MOSÉ, 2023).

Ao mesmo tempo que temos o desejo angustiado da duração da nossa individualidade perecível, temos a obsessão de uma continuidade primeira, o estado de não-ser, a morte, o maior dos nossos pertencimentos. A questão que se coloca aqui é a substituição do isolamento do ser, de sua descontinuidade, por um sentimento de continuidade profunda. O erotismo nos conduz então à eternidade, na medida em que confunde objetos distintos, nos conduz à morte e, pela morte, à continuidade. Toda operação erótica tem por princípio uma destruição da estrutura do ser fechado, das formas constituídas. Nas palavras de Pat Berry: "Nós, mortais, morremos. A morte está dentro de nós, em nossa carne. Nossas células morrem ao regenerarem-se. Esse morrer contínuo está incorporado em nós como condição do nosso ser. E nosso ser ocorre em uma fração de tempo. Na extensão do tempo, somos infinitesimais. Amar é divino. Amar é também uma bagunça (BERRY, 2007).

Nesse sentido, podemos dizer que não será a falta, a necessidade, que impulsionará o movimento individuante, mas o excesso. Ou então, a necessidade sim, mas a necessidade inadiável de seguir o chamado de um daimon, não a reparação de feridas parentais. O excesso ilumina o sentido do movimento, a despeito de qualquer promessa de felicidade. Sua essência é a substituição da descontinuidade persistente entre dois seres por uma continuidade maravilhosa percebida no ser amado. Diz Alexandre Coimbra do Amaral: "O bom diálogo acontece quando você deixa o outro acontecer para você, então a pessoa sentir que ela pode acontecer, isso é muito profundo... significa inclusive uma dimensão de invenção do que eu não sabia que poderia vir a ser" (AMARAL, 2023).

Diz James Hillman que o campo emocional, imaginário e interior da psique é fluido por natureza e não pode ser limitado a um "meu". Não se trata de uma chama particular, mas uma participação fluente, uma entrelaçada complexidade de fios enredados. A dimensão psicológica da vida é criada no vale da intimidade vivida. Toda vez que uma pessoa se apaixona é uma epifania. Ela vê o deus, o papel dele no drama da vida. Conclui Berry: "Esse desejo, essa teleologia e essa promessa do Si-Mesmo são muito para atribuir a outro ser humano. No entanto, é como o amor funciona. Vemos o deus de nós mesmos e da nossa realização por meio do nosso amor por outra pessoa (BERRY, 2007).

Mas há um outro momento em que esse anímico que se apresenta a nós encorpado em um outro, precisa se converter em sentido psicológico da nossa própria vida, a anima transformada em psique, minha psique, retorno à individualidade perecível. Seguindo com Berry:

> Quando aparece o amor monumental, de algum modo, aparece também a morte. Ao menos uma pessoa, se não várias, tem que morrer... como se fosse necessário que algo no amor morresse para que ele se tornasse mais pleno, maior, possivelmente mais espiritual. A morte é um requisito para que o amor se transforme. O amor necessita da morte. Perdemos o que parece ser tudo - nossos papéis (como esposos, como amantes), nossas identidades, nossos egos e o nosso amor como o mantínhamos fixado (BERRY, 2007).

Eros também é uma face de Tanatos, tem a morte dentro de si e conduz a vida ao reino psíquico invisível, dotando-a dos significados advindos das profundezas.

No entanto, que espaço há para ouvirmos a alma em um mundo narcísico que desconfia da diferença em nome da identidade? Byung-Chul Han diz que "na relação de poder enquanto relação de domínio eu me afirmo e me estabeleço frente ao outro, na medida em que o submeto a mim. Mas o poder de Eros, ao contrário, implica uma impotência na qual, em vez de me afirmar, me perco no outro, me perco para o outro" (HAN, 2017). As sociedades narcísicas, portanto, castram a força de Eros ao nos encorajar a sermos invulneráveis, impenetráveis; despotencializam a vida, deserotizam os corpos. Paradoxalmente, engendram assim, as condições primordiais para o controle de pessoas. Não nos deixamos penetrar pelo outro, mas somos diariamente estuprados por estruturas que ferem nossa imaginação existencial.

E se ousássemos despertar eroticamente nossos corpos? O que aconteceria com o corpo político da vida? Nossas formas de amar e de desejar não são pré-discurssivas, mas o desejo sempre se encarrega de achar brechas para dar lugar a outras ficções, criar descompassos entre o instituído e o instituinte. O erótico - a forma como o desejo, o amor e o gozo se apresentam em nós, à revelia de nossa vontade - é um antídoto antinarcisismo, sempre a ludibriar nossa ilusão de controle. Já dizia bell hooks que "a prática do amor é o antídoto mais poderoso contra as políticas de dominação" (hooks, 2021).

Nos apaixonamentos ou nas rupturas amorosas vivenciamos o fenômeno da unidade que se transforma em multiplicidade, seja quando o "eu mais você" nos torna um outro, ou quando a separação forma pelo menos dois da unidade que constituíamos. Hillman trata essa situação como arquetípica: "sempre que a situação se torna rígida demais, monolítica, monoteísta, monogâmica, espiritualmente unilateral, a anima - como emissária da vida- surge para promover a correção, despertando paixões perturbadoras. Quanto mais rigidamente se insistir na unidade, mais se constelará a diversidade" (HILLMAN,1981). O outro repudiado deve, inevitavelmente, aparecer, nem que seja apenas na imaginação. Retorno do reprimido. Nesse sentido, dirá Hillman que primeiro a unidade do casamento constela o outro e só depois que "o outro" produziu seu efeito nele ou nela é que o triângulo se forma. "Dois formam um par. Para um casal é preciso três" (PHILLIPS,1997).

O que será que a alma coletiva está querendo nos dizer com uma situação que se repete tantas vezes? Será que há um componente anti-individuação no amor? Sabemos que mamãe Afrodite não era entusiasta do encontro de Eros e Psique. Queria ambos aprisionados eternamente em seu próprio corpo. Os casais, por muitas vezes repetem isso. O hábito confortável que se cria entre eles, castra suas intensidades e os convida a permanecerem sempre os mesmos. Um antifluir da vida que desafia a morte. Ocorre que em uma sociedade casal-centrada como a que vivemos, toda promessa de felicidade e realização está no casal. O sistema monogâmico subalterniza afetos, laços e partilhas fora do espectro do amor romântico. Uma tentativa de conter apenas naquele vaso a força de Eros.

Será que não podemos fazer coro com Hillman e pensar então que o terceiro elemento viria para libertar o amor dessa estrutura psíquica e desse modelo relacional? É como se o triângulo libertasse uma legião de demônios: o outro representa todos "os outros", relembrando-nos da natureza da psique potencialmente dissociável em múltiplos. Uma desconstrução de um Self monolítico. Self como comunidade interiorizada, tal como ele é a partir de cada contexto com o qual se relaciona, não um self apriorístico.

É possível que nos apaixonemos por mais de uma pessoa, mas também é possível estarmos vinculados profundamente com nossos amigos, com nosso trabalho, com uma comunidade política que nos faça sentido, com a cidade que habitamos. Por que tanta expectativa depositada em um só lugar?

Esse efeito dissociador intenso vindo da presença do terceiro, inevitavelmente, rompe com a visão unitária, promove diferenciação. De mim mesma. Do(s) outro(s). Do amor.

Na contramão dessa diferenciação e sofisticação amorosas, a sociedade capitalista promove a positivação da exclusividade e a hierarquização dos afetos. Desde a demarcação de terras, tivemos nossa subjetividade cerceada e afastamos a vida comunitária de nós. A ideia é que somos melhores quanto mais ocuparmos as cúpulas, só somos bons o suficiente se tivermos o que outro não pode ter. O sistema monogâmico, ao ditar como, quando e de que maneira devemos amar e desejar, alimenta uma engrenagem que distribui privilégios a partir dos vínculos afetivos e um sistema de organização desses vínculos. No topo da escala, estaria o casal heterossexual, unido por laços reprodutivos. Pode haver outras relações afetivo-sexuais, mas apenas uma recebe apoio social.

Talvez o que a alma coletiva queira de nós é que re-imaginemos o amor, que lhe ofereçamos ficções mais potáveis e menos ego-ístas. Para tanto, teremos que sacrificar tudo aquilo que esperávamos dele. A despeito do que o amor romântico nos fez acreditar, o amor não é um eterno seio de mãe a nos nutrir magicamente, nem a reposição das nossas feridas parentais, nem será nossa completude que nos fará felizes para sempre, em um mundo à parte. Esse tipo de amor nos coloca em um dilema ecológico e político, ele é antissocial, menospreza o mundo e as comunidades. Está fadado a dar errado. Quando nos relacionamos através de suas lentes, sempre parece que falhamos, mas a falha não seria inerente à sua própria proposta?

O que nos faz então tão profundamente capturados por esse sistema? Seria o medo da finitude ou o fato de estarmos infinitamente capturados pela miragem da infinitude? O medo do desaparecimento, traduz-se em terror e violência em relação à alteridade e a obsessão máxima do sistema monogâmico é o sentimento de pertencimento e, em consequência, de continuidade. É, portanto, ferramenta de construção do sujeito ensimesmado, fechado em si. Mas individuação nunca teve nada a ver com alienação. Se não começarmos a experimentar uma individuação que, radicalmente, inclua o outro e o mundo, seremos cada vez mais reféns de um capitalismo privado, da minha propriedade particular, de um ego que vai se hipertrofiando e, paradoxalmente, se tornando mais frágil.

É importante dizer que esse apelo à multiplicidade tem em seu cerne a proposta de democratização dos afetos e desejos, mas também de coletivização dos cuidados e das dores. Para resistir à violência individualista, temos que tecer redes rizomáticas. Nada mudará se multiplicarmos nossas relações, mas elas tiverem como lógica o capitalismo sanguinário dos afetos: abuso, indiferença, negligência e banalidade. Talvez o manto da fidelidade que cobre ideologicamente a monogamia tenha substituído e tornado menos precisos conceitos mais complexos como responsabilidade, compromisso e interdependência, todos imprescindíveis se quisermos, de fato, construir um novo paradigma amoroso.

Habitamos um momento histórico em que essas velhas respostas estão dando mostras da sua falibilidade. Ainda assim, o casal segue sendo o refúgio de um mundo obscenamente hostil. Temos pela frente o desafio de gerar espaços de reconhecimento que não nasçam completamente submetidos às lógicas capitalistas, mas a serviço das dinâmicas de cuidado. Um amor politicamente implicado onde todas as pessoas tenham um lugar, sejam reconhecidas.

Faz parte desse cuidado também que possamos rever a padronização das relações. Nossas relações são plurais nas suas dinâmicas e possibilidades. Quanto mais nos afastamos dos paradigmas relacionais da monogamia e de sua escalada relacional, mais nos abrimos a outras possibilidades, podemos valorizar particularidades de cada pessoa e de cada encontro.

Se quisermos nos relacionar com um outro, temos que fazer um esforço para compreender qual é sua ideia de amor, pois nossa subjetividade é limitada a nossa própria "teologia", restrita ao nosso mitema sobre esse tema. Ao tentarmos empaticamente no logos de outro theos, além de alargarmos nossa compreensão sobre o outro, pluralizamos e flexibilizamos nossas possibilidades de vínculo, pois quando os deuses se interpenetram e se fundem, somos lançados em um espaço limiaresco, para horror do ego heróico, que adora posições bem definidas.

Outro ponto importante é o de ampliarmos nossas possibilidades de vinculações significativas. Diz Geni Nuñez

> Eu me percebo uma pessoa muito apaixonada pela vida, isso inclui pessoas também, mas também pelo beija-flor, pela montanha, pelo sol, pelo vento, nada disso me parece inferior ou superior a outros tipos de paixão. A vida é uma proliferação de concomitâncias (NUÑES,2023).

Precisamos seguir o conselho de Hillman de nos relacionarmos com o mundo através de nossos corações imaginativos e deixarmo-nos inebriar dele. Para isso, é necessário que devolvamos a alma ao mundo. Só assim nos libertaremos do desespero pela intimidade, da limitada personalização do amor, do medo da solidão. Em especial nós, mulheres, a quem foi ensinado funcionar sempre em relação a uma outra pessoa, no interior de nossos lares e nunca nas ruas da pólis.

As identidades que nos são impostas não dão conta da vida. A vida ultrapassa e transforma as identidades porque os nossos modos de vida nunca darão conta de todas as possibilidades que podem nos constituir. É preciso estarmos sempre alertas para que o acesso a essa força intensa que é o erótico não nos faça desvirtuá-la em poder. Temos que atentar cuidadosamente para discriminar nossos comportamentos violentos e possessivos de amor, coisas que se confundem facilmente na ficção do amor romântico. O amor não é apenas sentimento, como já nos ensinou bell hooks. Muito mais que a afeição profunda por uma pessoa, é ética de vida, traz em si a potência de romper o ciclo de perpetuação de dores e violências. Nessa direção, Vassalo nos lembra que

> ter a possibilidade de múltiplos relacionamentos, não nos obriga a vivê-los, nem a viver todos, nem a viver de qualquer maneira, a qualquer momento. Isso nos dá a chance de decidir se queremos e podemos, se é sustentável, se faz sentido nesse momento, se podemos realmente fazer algo bonito disso ou estamos apenas abrindo a temporada de saldões e avalanches. Podemos decidir sobre cada uma delas pensando no bem-estar comum. Porque se somos floresta, não nos serve que uma planta faça primavera enquanto o resto morre pelo caminho (VASSALO,2022, p.188).

Se estamos nos propondo a repensar as estruturas a partir das quais imaginamos e que atravessam nossos modos de amar, de modo que espelhem melhor a multiplicidade de formas que o erótico se manifesta em nossas carnes, não estaríamos então individuando o amor e, a partir daí, a nós mesmos? Concluo afirmando que a política pode ser individuante, mas a individuação certamente é política.

> Há alguns meses, uma das pessoas que formam essa rede que me apoia e que se apoia quando tudo afunda veio até mim em estado de emergência. Socorro! Ela havia embarcado em um foguete com alguém que mal conhecia e em um momento da vida que aquilo era insustentável, negligenciando suas prioridades e entrando numa confusão emo-

cional da qual estava ciente, mas não sabia como desativar. Passamos a noite conversando e bebendo até que, a certa altura, ela me disse: "Droga! Mas o amor não é a única coisa que nos salva!?". Sim, claro. Mas o amor não é isso: o amor somos nós. O amor éramos ela e eu passando a noite acordadas para acompanhá-la em sua tristeza, assim como ela me acompanhou em todas as minhas. O amor é esse apoio, esse carinho trocado nos melhores e piores momentos, essa possibilidade de rirmos daquela confusão... Esse é o amor que nos salva, e esse é o amor que não vemos, aquele que consideramos menos amor que os outros, ao qual não damos a importância que merece e sem o qual não poderíamos avançar nesse mundo de merda. Esse amor. Essa floresta (VASSALO,2022, p.187).

Referências

AMARAL, A.C. *A escuta do amor e do erotismo na clínica*. Locução e direção de Maíra Scombatti. São Paulo: Erotikos, 20/11/2023.

BATAILLE, G. *O erotismo*. Belo Horizonte: Autêntica, 2017.

BERRY, P. *Por Que Falhamos No Amor?* Apresentação Oral realizada no XV Congresso da Associação Junguiana do Brasil: Amor. Atibaia, 2007.

HAN, B-C. *Agonia do Eros*. Petrópolis, RJ: Vozes, 2017.

HILLMAN, J. Loucura Cor de Rosa, ou por que Afrodite Leva os Homens à Loucura com Pornografia? In *Cadernos Junguianos* n. 3, p.7-35, 2007.

________ *Estudos de psicologia arquetípica*. Rio de Janeiro: Achiamé, 1981.

________ *O Mito da Análise*. São Paulo: Editora Paz e Terra, 1984.

________ *O pensamento do coração e a alma do mundo.* Rio de Janeiro: Verus Editora, 2010.

hooks, b. *Tudo Sobre o Amor*. São Paulo: Novas Perspectivas. 2021.

JAELLOUSCHECK H. *Sêmele, Zeus e Hera* – O Papel da Amante no Triângulo Amoroso. São Paulo: Cultrix, 1992.

MOSÉ, V. *O erotismo no amor e na filosofia*. Locução e direção de Maíra Scombatti. São Paulo: Erotikos, 20/11/2023.

NIN, A. *Os diários de Anais Nin*, vol. V. São Paulo: Livraria Bertrand, 1954.

NUÑEZ G. *Amor, sexualidade e erotismo em relações descolonizadas e a partir da cosmologia Guarani.* Locução e direção de Maíra Scombatti. São Paulo: Erotikos, 20/11/2023.

PHILLIPS, A. *Monogamia*. São Paulo: Companhia das Letras, 1997.

VAINFAS, R. *Casamento, amor e desejo no Ocidente Cristão*. São Paulo: Editora Ática, 1992.

VASSALO, B. *Desafio Poliamoroso - Por Uma Nova Política dos Afetos*. São Paulo: Elefante, 2022.

Uma possibilidade de olhar a cisgeneridade na perspectiva da psicologia analítica

Erica MATOS
Tatiana DEOLA

A sedução originária então, é como um espinho cravado no campo somático da mente ao redor do qual o sujeito se desenvolve como uma calosidade [...]
(PRECIADO, 2018).

Muitos são os desafios epistemológicos para que o tema da cisgeneridade chegue a provocar reflexões e questionamentos enquanto paradigma atual, produtor de psicopatologias. Isso porque vivemos ainda um modelo dicotômico que universaliza o cisgênero e põe à margem tudo aquilo que é divergente. A partir da compreensão junguiana, a psique coletiva se configura como grande trama. Então, precisamos pensar para além do referencial teórico hetero-cis-patriarcal. Refletir sobre caminhos de expansão para compreendermos a riqueza das subjetividades na multiplicidade que compõe todos os indivíduos. Ampliar os espaços de diálogos sobre como esse modelo funciona na cultura ocidental contemporânea se faz necessário e foi nossa grande motivação para este artigo.

Começamos pensando o que é cisgeneridade? Quando e como começamos a utilizá-la como categoria de autodeclaração? Pode a Cisgeneridade ser vista como uma manifestação da Persona? Ou seja, seria esta, uma máscara social que uma pessoa usa para se apresentar ao mundo e se adaptar às expectativas e normas sociais? Este texto propõe-se a responder a estas questões a partir de um olhar problematizador e como uma resposta à olhares a respeito da quantidade de letras contidas na sigla que se refere à diversidade sexual e de gênero, a LGBTQIAPN+[1]. Pois, na vivência das autoras é bastante comum questionamentos como: "Não seria melhor uma única palavra para todos? Por que não unir as lutas"?; "Como farei pra decorar tanta coisa assim? Será que a gente não poderia simplificar em apenas uma palavrinha de fácil memorização? Afinal de contas, não somos todos seres humanos? Todos iguais perante a lei?". Será que você já ouviu algo parecido, ou, já pensou algo parecido? Porque não temos problema em "decorar", saber, conhecer ou repetir palavras estrangeiras, no universo organizacional, social, hospitalar,

1. Descrições presentes em julho/2023: L – Lésbicas, pessoas do gênero feminino que sentem atração sexual e/ou afetiva por pessoas do mesmo gênero feminino. G – Gay, pessoas do gênero masculino que sentem atração sexual e/ou afetiva por pessoas do mesmo gênero masculino. B – Bissexual, pessoas que sentem atração afetiva, sexual por mais de um gênero. T – Transgênero, quem não se identifica com o gênero que lhe foi atribuído ao nascer. Duvida do gênero (masculino ou feminino) que lhe foi atribuído ao nascer. Travesti, identidade de gênero feminina e latino-americana. Trata-se da pessoa designada homem ao nascer que se reconhece no gênero feminino. Termo normalmente usado para uma população mais marginalizada. As travestis não necessariamente se reconhecem como mulheres. Q – Queer, segundo o filósofo João Paulo de Lorena Silva, é um modo de vida, uma estética da existência, um devir, um escape. Não é uma identidade ou representação. É uma posição de contestação aos regimes de poder que produzem a identidade e, a partir dela, circunscrevem o lugar da diferença. I – Intersexo. A intersexualidade refere-se a um conjunto amplo de variações dos corpos tidos como masculinos e femininos. Segundo Jacqueline de Jesus, é aquela pessoa cujo corpo varia do padrão de masculino ou feminino, estabelecido culturalmente, no que se refere a configurações dos cromossomos, à localização dos órgãos genitais (testículos que não desceram, pênis demasiado pequeno ou clitóris muito grande, final da uretra deslocado da ponta do pênis, vagina ausente) e à coexistência de tecidos testiculares e de ovários. A – Assexual. Pessoas que não sentem atração sexual por outra pessoa, independentemente do gênero. Não gostam, não querem e não sentem nenhuma necessidade de sexo. O que não quer dizer que não tenham atração afetiva por seus pares. A - Aliados. Pessoas que se juntam em defesa dos direitos de existência de todas as identidades de gênero e orientações sexuais. P – Panssexual. Pessoas que sentem atração afetivo, sexual por todos os gêneros. Também podemos dizer que o gênero não importa. Não é levado em consideração. N – Neutro + Novas possibilidades, novos modos de ser e estar no mundo. Símbolo inclusivo para outas identidades de gênero e orientações sexuais que não se encaixam no padrão cis-heteronormativo.

escolar etc.? Essa dificuldade aparece quando falamos de identidade, subjetividade, orientação sexual e identidade de gênero. É possível perceber a violência contida nessas colocações espalhadas em nosso cotidiano? Por que não problematizamos a diversidade contida na própria cisheteronormatividade? Quais são os recursos conceituais que a Psicologia Analítica dispõe que podem auxiliar o nosso olhar para estas questões?

O que é cisgeneridade

> Corpo desacreditado (TRAVESTI).
> Corpo Endemoniado (TRAVESTI).
> Corpo Sem Moral (TRAVESTI).
> Corpo Sem Deus (TRAVESTI).
> Corpo Vergonha (TRAVESTI).
> O efeito da vergonha é a dominação cis-heteronormativa [...]
> (CARVALHO, 2021, p.16-17)

De forma simplificada, a cisgeneridade é um termo que se refere à identidade de gênero de uma pessoa que corresponde ao gênero que lhe foi atribuído ao nascer. Sobretudo, as pessoas cisgêneras nunca precisaram se designar enquanto cis, inclusive elas dificilmente chegam a pensar sobre a compatibilidade do seu corpo com a sua identidade de gênero e geralmente tem como dada esta correspondência. Já pessoas transgêneras seriam aquelas que "não se identificam com as expectativas sociais relacionadas ao gênero designado em decorrência da assignação jurídica de sexo de um indivíduo", como nos diz Bagagli (2021, p. 57), são pessoas que sempre foram vistas a partir de sua diferença em relação a norma cisheteronormativa e sempre tiveram que se designar como Trans.

Fundamentalmente, foram as pessoas trans que apontaram a necessidade de pessoas cis também terem uma designação.

Um dos principais objetivos seria explicar que quando se usa termos como "mulher" ou "homem" como referência de sujeitos no mundo, se evidencia o sentido de um sujeito universal, denominado agora de cisgênero e que não contempla a diversidade humana presente no espírito de nossa época ou Zeitgeist, também chamado de contemporâneo:

> Neste sentido vale dizer que a língua faz um determinado recorte do real e o termo cisgênero permite um recorte diferente deste real, na medida em que desestabiliza relações de sentido já consolidados das categorias "homem" e "mulher", proporcionando a inclusão das identidades trans* como hipônimos nestas categorias (BAGAGLI, 2014).

O movimento transgênero, ao longo dos anos, passou a desafiar o modelo binário, hetero e cisnormativo. Assim, o termo cisgeneridade ou cisgênero foi criado em 1995, no âmago dos movimentos sociais transfeministas, por um homem trans europeu chamado Carl Buijs (STONA, 2021, p.37). Porém, só começou a ser utilizado recentemente e em restritos espaços reconhecidos como produtores e legitimadores de conhecimentos que envolvam gêneros, sexos e sexualidades. Muitas pessoas ainda ignoram seu uso, talvez por douta ignorância, mas, como nos lembra Nascimento (2021, p.99) "o conceito de cisgeneridade é uma máquina de guerra discursiva", uma guerra entre corpos generificados que tomaram para si o direito de subalternizar outros corpos tão generificados quanto os seus. Com isso, para além da ignorância, evitar o uso do termo cis é uma forma de manter o "pacto cisheteronormativo", parafraseando Cida Bento.

> (em voz baixa) E aquilo que não se fala passa a não existir. Põe debaixo do tapete na sala de jantar, ninguém vai notar (sussurrando). Aqui a gente desaparece quieta, quieta, em voz baixa. Silenciosamen-

> te. Sós e (a voz volta) desesperadas. Somos veladas ainda vivas (CARVALHO, 2021, p. 21).

O aprofundamento do tema da cisgeneridade nos abre para um espectro amplo e subjetivo sobre a construção histórica e política que envolve a relação entre sexo, gênero e a materialidade do corpo que também é social, cultural, histórico e político. Nessa direção, (CECARELLI, 2017, p.84) aponta que a relação de um indivíduo com seu corpo varia no tempo e é influenciada pelo contexto social ao qual o sujeito pertence. Tal como, muito provavelmente no início do século XX, época em que começou a circular o termo heterossexual e as pessoas heterossexuais certamente acharam essa classificação pouco importante, inútil ou por vezes ofensivas.

> O discurso histórico sobre a heterossexualidade era uma invenção moderna. O termo heterossexualidade, pretendia descrever um sexo-amor mais velho que Matusalém, era de origem bastante recente e tinha uma história de definições variáveis e contestadas (KATZ, 1996, p. 23).

O caminho para o conceito de heterossexualidade como o conhecemos hoje passou por inúmeras versões e se consolidou com grande contribuição da psicanálise.

Para Katz (1996, p. 67-81) Freud foi "o principal criador moderno do modelo médico, do histórico da heterossexualidade", fazendo a passagem de uma "ética da procriação" para o "princípio do prazer moderno", ou seja, transformando a ideia de relações pervertidas em relações normais/normativas, adequadas a regras sociais gestadas por um modelo médico que atendia, em especial, a classe média através de um modelo de erotismo homem-mulher e relegando qualquer outro modelo a fixação em etapas imaturas do desenvolvimento como no caso do desejo pelo mesmo sexo. No caso Dora, vemos explícitas as tendências de Freud a heterossexualidade:

> Freud sugere que o sentimento homoerótico de Dora por Frau K. é uma fase passageira da puberdade - uma etapa no caminho para a heterossexualidade. Por outro lado, o suposto sentimento heteroerótico de Dora por Herr K. é tratado por Freud como a realidade (KATZ, 1996, p. 80).

Segundo apontamentos das pesquisas de Katz (1996), o heterossexual era pessoa mista, com impulso sexual complexo, erotismo, intimamente ligado ao fetichismo, não era equiparado a sexo normal mas a perversão associada ao desejo sexual pelo sexo oposto sem fins reprodutivos. Com o passar do tempo, o uso frequente e cada vez mais comum, leva a uma apropriação do termo de forma normatizada. E, este já se encontra consolidado tanto entre acadêmicos, como no senso comum, e até no léxico da língua, pois se encontra dicionarizado; já cisgênero ainda não.

> De início não se sabe fazer nada mais do que aprender palavras e ser possuído por conceitos. E quando menos se entende a questão, mais se é possuído por conceitos, pois é a única coisa que as pessoas têm. Não sabem se defender a não ser com conceitos, palavras, mas a coisa em si ainda não compreenderam nem de longe. Quando compreenderem algo intelectualmente, isso permanece preso à região da linguagem, justamente a ela – mas não penetra o homem como um todo. Compreendemos algo na psicologia apenas quando também o vivemos ou quando isso avança até a região do fazer e da experiência, porém não antes (JUNG, 2017, p. 18).

Provavelmente pelo fato de o termo Cisgênero e seus derivados ser bastante recente ainda não é difundida a compreensão de sua complexidade. Com isso, é preciso ter cuidado para que o termo não faça o caminho inverso do termo heterossexual e passe de regra geral a algo problemático. Mas, não problematizá-lo nos impede de avançar no sentido da potência que o seu surgimento tem para compreensão da alma humana. Por exemplo, o conceito diz sobre uma adequação da identidade de gênero ao que lhe foi atribuída ao nascer, mas o que pode significar concordar e se sentir confortável com as definições normativas do que é ser homem e mulher? Individualmente é possível se adequar totalmente a um padrão? Como confrontar e transcender um modelo que governa inconscientemente nosso modo de agir, pensar e se relacionar?

Sondamos na psicologia analítica uma fundamentação teórica e uma base para compreender toda transição de valores com respeito a gênero, sexo, identidade de gênero e orientação sexual. De acordo com Hopcke (1993, p. 80-110.) essa teoria deveria estar associada aos arquétipos do inconsciente coletivo, uma vez que tal fenômeno deva ter suas raízes num nível profundo da alma, mesmo que modelado por fatores pessoais e culturais subjacentes.

Jung defendia que o ser humano possui uma dimensão inconsciente, composta por conteúdos simbólicos e arquetípicos. Essa dimensão é moldada pela cultura e pelas experiências pessoais de cada indivíduo, e influencia profundamente a forma como ele se percebe e se relaciona com o mundo. Assim, na perspectiva junguiana, podemos dizer que a transgeneridade pode ser entendida como uma expressão legítima da multiplicidade e diversidade da psique humana. Isso significa que a identidade de gênero não é apenas um aspecto biológico, mas também um fenômeno psicológico complexo, influenciado por fatores culturais, sociais e pessoais.

Nesse sentido, a psicologia analítica pode contribuir para a promoção da diversidade e da inclusão, ao reconhecer a riqueza da variedade humana e valorizar a singularidade de cada indivíduo? E, o que seria essa diversidade que tem sido empregada como esforço em reunir uma variedade de corpos em amplos contextos, se distanciando da uniformização de corpos observada até então em nossa sociedade? É necessário explicitar quando falamos em diversidade que ela é o diverso à norma coletiva. Esta, nos subjuga e nos lança no empreendimento de elaborar, entre outros, o complexo heteropatriarcal (PESSOA, 2023).

> Os complexos são fragmentos psíquicos cuja divisão se deve a influências traumáticas ou a tendências incompatíveis. Como nos mostra a experiência das associações, eles interferem na intenção da vontade e perturbam o desempenho da consciência; produzem perturbações na memória e bloqueios no processo das associações; aparecem e desaparecem, de acordo com as próprias leis; obsediam temporariamente a consciência ou influenciam a fala e ação de maneira inconsciente. Em resumo, comportam-se como organismos independentes (JUNG, 2013, OC IX, §253).

Então, o complexo heteropatriarcal é um complexo cultural fundado no trauma que inferioriza e causa sofrimento psíquico às pessoas com base nas questões sociais estruturais relacionadas às questões de sexo e gênero, embasadas por uma norma universal com a qual todos nós somos inconscientemente comparados e nos comparamos (PESSOA, 2022, p. 287-292). Principalmente, se considerarmos que a leitura binária e heteronormativa ainda se apresenta fortemente imbrincada nos princípios da sociedade, a despeito das inevitáveis mudanças de valor e comportamento social que se prenunciam.

> Os novos conteúdos ainda não assimilados à consciência e que se constelam na inconsciência se comportam como complexos. Pode tratar-se de conteúdos baseados em percepções subliminares de conteúdos de natureza criativa. Como os complexos, eles conduzem também a uma existência própria, enquanto não se tornam conscientes e não se incorporam à vida da personalidade (JUNG, 2013, OC 8/2, §254).

Exemplo disso, foi a naturalização da heterossexualidade e a divisão de gêneros (submetendo o feminino ao masculino) como norma dominante que construiu e constrói uma ordem social. Somente muito mais tarde esta norma vai ser enfrentada como sexismo, machismo e homofobia. Segundo Daniel Borillo:

> A homofobia torna-se assim a guardiã das fronteiras tanto sexuais (hetero/homo), quanto de gênero (masculino/feminino). Eis por que os homossexuais deixam de ser as únicas vítimas da violência homofóbica, que acaba visando, igualmente, todos aqueles que não aderem à ordem clássica dos gêneros: travestis, transexuais, bissexuais, mulheres heterossexuais dotadas de forte personalidade, homens heterossexuais delicados ou que manifestam grande sensibilidade [...] (BORILLO, 2010, p. 16).

A vivência da sexualidade foi patologizada a partir da higienização na medicina do século XIX. Para muitos profissionais, o único horizonte possível era a heteronormatividade como meta para um desenvolvimento completo. Para Freud cabia a busca de explicação tanto para a homossexualidade quanto para a heterossexualidade. Entretanto ele não conseguiu escapar do seu próprio tempo, como diz o psicanalista Paulo Roberto Ceccarelli:

> Infelizmente, todo movimento ou corrente de pensamento que, em um primeiro momento, trouxe novas perspectivas de vida e/ou novas leituras do mundo foi, em um segundo momento, incorporado à ordem vigente e, não raro, transformado em sistemas normativos em completa oposição à proposta original. Com a psicanálise, as coisas não foram diferentes, a começar pelo próprio Freud: a primeira edição dos Três ensaios não contém alguns conceitos e teorias desenvolvimentistas introduzidas nas edições posteriores com as quais estamos familiarizados (CECCARELLI, 2017. p. 137).

Cida Bento (2022, p.120), nos posiciona diante do pacto da branquitude. Onde, acordos tácitos, como pactos não verbalizados, não formalizados, pactos feitos para se manter em situação de privilégio, higienizados da usurpação são constituídos. E que se estruturam nas relações de dominação que podem ser de classe, gênero, raça etnia e de identidade de gênero, dentre outras. Nessa linha, estaríamos aqui também diante do fortalecimento do pacto narcisístico da heterocisgeneridade? Que segue contribuindo para fortalecer as ordens do poder patriarcal? Pacto que blinda as pessoas heterocisgeneras de todas as formas e as autoriza a continuar perpetrando sua forma violenta de ser e estar no mundo? Tudo aquilo que escapa desse arranjo é posto à margem da existência, inviabilizando a participação de pessoas dissidentes como construtores de saber e as fixando em posições de objeto de pesquisa. Até quando?

Tanto a cisgeneridade quanto a transgeneridade podem ser temas complexos a serem abordados a partir de diversas perspectivas da psicologia analítica. Nessa abordagem, a noção de persona é um conceito fundamental para compreender a experiência de cada pessoa.

Relação entre Persona e Cisgeneridade

Sabemos que na perspectiva da psicologia analítica a persona é uma construção psicológica que pode encobrir a verdadeira identidade de uma pessoa. Principalmente por ser entendida como um aspecto da personalidade que é influenciado pelo ambiente e pela cultura em que se vive. No caso da cisgeneridade, a persona pode ser vista como uma identificação com o gênero que foi atribuído ao nascer, que é influenciada pela cultura e pelas normas sociais em que a pessoa vive. A identificação com o gênero atribuído pode ser uma forma de adaptação à cultura dominante.

Para Jung, a persona é a máscara que cada indivíduo usa para se apresentar ao mundo. É a imagem que construímos de nós mesmos para sermos aceitos socialmente e para nos protegermos de possíveis julgamentos e rejeições. A persona é uma estrutura fundamental na formação da identidade, mas pode também ser uma fonte de conflito e sofrimento quando não é coerente com a nossa experiência subjetiva.

> A identidade com a persona determina automaticamente uma identidade inconsciente com a alma, pois, quando o sujeito, o eu, é indistinto da persona, não tem relação consciente com os processos do inconsciente. Ele é esses processos, é idêntico a isso. Quem é seu próprio papel exterior também sucumbirá infalivelmente aos processos internos, isto é, há de contrariar, por absoluta necessidade, seu papel exterior, ou vai levá-lo ao absurdo. Fica, assim, excluída qualquer afirmação da linha individual e a vida transcorre em meio a contradições inevitáveis. Neste caso, a alma é sempre projetada num objeto real e correspondente, estabelecendo-se um relacionamento de dependência absoluta (JUNG, 2013, OC VI, §761).

No caso das pessoas cisgêneras, tomadas como padrão normatizado pela sociedade, não se percebem portadoras de um gênero que é também construído diariamente e socialmente. É como se a identidade de gênero ocupasse um espaço de identificação inconsciente já pré-determinado e estabelecido. E, apenas para as pessoas transgêneras fosse um atributo designado. Onde, se costuma identificar que a persona pode ser uma fonte de grande desconforto e desajuste. Pois, a imagem externa que apresentam ao mundo pode não corresponder à sua experiência interna de gênero apontando, assim, a necessidade de ajuste para uma conciliação desses opostos para que não sejam fonte geradora de conflitos e sofrimentos psicológicos.

Mas, afinal, pessoas cisgêneras também não passam a vida na tentativa dessa adequação? Segundo dados disponibilizados pelo jornal da USP, o Brasil é líder mundial no ranking de Cirurgia Plástica em jovens:

> De acordo com dados da Sociedade Brasileira de Cirurgia Plástica (SBCP), dos quase 1,5 milhão de procedimentos estéticos feitos em 2016, 97 mil (6,6%) foram realizados em pessoas com até 18 anos de idade. Entre as justificativas para o quadro está a insatisfação com a própria imagem e, segundo o psicólogo Michel da Matta Simões, pesquisador da Faculdade de Filosofia, Ciências e Letras de Ribeirão Preto (FFCLRP) da USP, boa parte é motivada por demandas sociais "que exigem dessas pessoas mais do que elas podem ou se sentem capazes de oferecer. (LOURENÇO, 2021).

Para essas pessoas cisgêneras, também podemos dizer que buscam maior integração da persona e a expressão da sua identidade de gênero, mais validada? Significando assim, mais aceitação de si mesma?

> Do mesmo modo que o corpo humano é um agrupamento completo de órgãos, cada um o termo de longa evolução histórica, também devemos admitir na psique organização análoga. Tanto quanto o corpo, a psique não poderia deixar de ter sua história (JUNG *apud* SILVEIRA, 2015, p. 149).

A psicologia analítica considera a psique como algo mais amplo do que a exclusividade do senso pessoal de si, o eu. Entendemos que a psique engloba o consciente e o inconsciente para trabalharmos com a meta da individuação. Um processo que consiste no desenvolvimento da personalidade única e autêntica de cada indivíduo. Que inevitavelmente passa pela integração da persona. Isso implica em reconhecer que a imagem que apresentamos ao mundo é apenas uma parte de nós mesmos, e que a verdadeira identidade está além da máscara socialmente construída está numa união entre história vivida consciente e inconscientemente.

Jung usou o termo individuação para falar sobre desenvolvimento psicológico que ele define como processo de tornar-se uma personalidade inteira, única. Ou seja, um indivíduo, uma pessoa indivisa e integrada (STEIN, 2006, p. 156). Assim, é processual, será visto aqui como um caminho, um movimento de saída de uma posição egóica unilateral para a formação de uma consciência mais ampla e flexível. Mas, também compreendendo que para nos tornarmos inteiros, primeiramente precisamos nos aproximar de nossas partes. Muitas delas, desconhecidas que carregamos dentro de nós. Esse movimento pode assustar porque a princípio nos impulsiona em diversas direções.

Quais seriam as direções das pessoas cis, caso a adequação ao sexo não fosse uma norma para sua identidade de gênero?

O futuro aponta muito mais complexidade nas questões das identidades de gênero e orientação sexual, muito mais conflitos e sofrimentos. É por isso que é relevante, aos analistas junguianos, rever a todo o momento conceitos como masculino e feminino e trabalhar para dissolvê-los por meio da comunicação dos opostos visando a sua integração e a sua transitoriedade e capacidade mercurial de comunicação. Para Jung:

> Se o indivíduo ou grupo social se desvia demasiado do fundamento instintivo, vivenciará todo o impacto das forças inconscientes. A colaboração do inconsciente é sábia e orientada para a meta, e mesmo quando se comporta em oposição à consciência, sua expressão é sempre compensatória de modo inteligente, como se estivesse tentando recuperar o equilíbrio perdido (JUNG, 2011, OC. 9/1, §505).

Jung fala muito sobre o equilíbrio/desequilíbrio dos opostos e na busca da complementaridade. Não seriam esses princípios, aparentes no psiquismo, o que está posto em jogo na contemporaneidade quando se debate, se ataca e se defende com veemência e violência a questão de gênero?

> Na medida do alcance de nossa experiência atual, podemos dizer que os processos inconscientes se acham numa relação compensatória em relação à consciência. Uso de propósito a expressão "compensatória" e não a palavra "oposta", porque consciente e inconsciente não se acham necessariamente em oposição, mas se complementam mutuamente, para formar uma totalidade: o si-mesmo (Selbst). De acordo com esta definição, o si-mesmo é uma instância que engloba o eu consciente. Abarca não só a psique consciente, como a inconsciente, sendo, portanto, por assim dizer, uma personalidade que também somos (JUNG, 2015, OC 7/2, §274).

Se pensarmos cisgeneridade e transgeneridade no âmago de uma perspectiva compensatória, dentro da totalidade da sexualidade humana e de forma coletiva, as expressões trans potencializam as expressões individualizadas da sexualidade. Assim, a multiplicidade ainda desconhecida dentro do universo das identidades cis, identificadas com suas personas, pode ter uma abertura para a expressão fora das significações normativas do que é ser homem ou mulher. As personas cis gradativamente podem ganhar mais cores na sua expressão e aspectos hoje inconscientes. Sobretudo, desacorrentados de uma norma, poderiam fazer das letras da sigla da diversidade talvez algo mais livre, sem que houvesse a necessidade de se decorar, por já haver uma vivência mais fluida. Que libertação seria um cenário assim.

> Quando o consciente e o inconsciente, eu e si-mesmo, tem um relacionamento contínuo, Jung consi-

> derava que a pessoa poderia então consolidar um senso de sua individualidade única, bem como de sua conexão com uma experiência mais ampla da existência humana, tornando-se capaz de viver de modo criativo, simbólico e individual (HOPCKE, 2012, p. 75).

Criativo, simbólico e individual representa um estado de liberdade que precisa confrontar-se com as normas prescritas e com as normalizações da sociedade. Afinal, até aqui, aprendemos com Jung a transformar o poder da libido em um poder criador de símbolos, que sendo coletivos ou individuais, possibilitam significados novos para padrões eternos e atemporais. O que permitirá o avanço da discussão sobre a sexualidade e o gênero pelos anos à frente.

Parece que a nós, psicoterapeutas junguianos, cabe a tarefa de, como dizem Singer e Kaplinsky (2019, p.68) "diminuir a virulência do complexo cultural" cisheteropatriarcal, ao menos no nosso pequeno âmbito de atuação, fazendo uso criativo das nossas ferramentas para auxiliar na lida com os sintomas gerados pelo nosso afastamento da multiplicidade da sexualidade humana.

Referências

BAGAGLI, BEATRIZ PAGLIARINI. *Abordando estereótipos de gênero e cisgeneridade: entre a subversão e resistência nos discursos transfeministas e feministas radicais trans-excludentes.* REVISTA LEITURA, v. 69, n. 2021, p. 55–68, 2021.

BAGAGLI, BEATRIZ PAGLIARINI. *O que é Cisgênero?* Disponível em: <https://transfeminismo. com/o-que-e-cisgenero/>. Acesso em: 15 Jul. 2023.

BENTO, Cida. *O pacto da branquitude*. São Paulo: Companhia das Letras, 2022.

BORRILLO, Daniel. *Homofobia - História e crítica de um preconceito*. São Paulo: Autêntica, 2010.

CARVALHO, R. *Manifesto Transpofágico*. São Paulo. Casa 1: ed. Monstra, 2021.

CECCARELLI, Paulo Roberto. *Transexualidades e mudanças discursivas*. Estudos de Psicanálise, v. 47, 2017. Disponível em <http://pepsic.bvsalud.org/scielo.php?script=sci_arttext&pid=S0100-34372017000100007> Acesso em: 10 Ago. 2023.

JUNG. C. G. *Sobre sonhos e transformações* Petrópolis: Vozes, 2014.

___________. Obra Completa.: *Os arquétipos e o inconsciente coletivo*. v. 9/1 Petrópolis: Vozes, 2011.

___________. Obra Completa. Aion. V. 9/2. Petrópolis: Vozes, 2011.

___________. Obra Completa. Civilização em transição. v. 10/3. Petrópolis: Vozes, 2011.

___________. Obra Completa. *Tipos Psicológicos*. v. 6. Petrópolis: Vozes, 2013

___________. Obra Completa. A natureza da psique. v. 8/2. Petrópolis: Vozes, 2011.

HOPCKE, R. H. *Jung, junguianos e a homossexualidade*. São Paulo: Siciliano, 1993.

___________. *Guia para a obra completa de C.G. Jung*. Petrópolis: Vozes, 2012.

LOURENÇO, Tainá. *Cresce em mais de 140% o número de procedimentos estéticos em jovens*. Jornal da USP. Disponível em: <https://jornal.usp.br/atualidades/cresceu-mais-de-140-o-numero-de-procedimentos-esteticos-em-jovens-nos-ultimos-dez-anos/>. Acesso em: 17 Aug. 2023.

KATZ, J. N. *A invenção da Hetero Sexualidade*. Rio de Janeiro: Ediouro, 1996.

NASCIMENTO. L. *Transfeminismo*. São Paulo: Jandaíra, 2021.

PESSOA, Gustavo. *O complexo heteropatriarcal: uma contribuição para o estudo da sexualidade na psicologia analítica a partir da teoria social.* Junguiana, v. 39, n. 2, p. 89–102. São Paulo.,2021.

PRECIADO, Paul B. *Testo junkie: sexo, drogas e biopolítica na era farmacopornográfica.* São Paulo: N1 Edições, 2018.

SCANDIUCCI, Guilherme. *Alma LGBTQ+: gênero, sexualidade e a anima na contemporaneidade.* Cadernos Junguianos, v. 15, p. 104–124, 2019.

SILVEIRA, N. *Imagens do Inconsciente.* Petropolis: Vozes, 2015.

KAPLISKY, C. SINGER, T. Complexos culturais em análise. In: Stein Murray, Psicanálise Junguiana: trabalhando no espírito de C. G. Jung. Petrópolis: Vozes, 2019. P. 54-75.

STEIN. M. *Jung e o mapa da alma, uma introdução.* São Paulo: Cultrix, 2006.

STONA. J. Carrion. F. *O cis no divã.* Salvador: Devires. 2021.

O complexo de Orlando

Daniel Françoli YAGO

Um complexo para Orlando

Este é um ensaio sobre um personagem literário e conceitual ao mesmo tempo. Acima de tudo, constitui um posicionamento contundente e oposto à construção de uma teoria cisheterocentrada sobre o corpo, o gênero e a alma.

Este é um ensaio sobre Orlando, de Virginia Woolf.

Num contexto atual, o controle biopolítico dos corpos se expandiu para as identidades e lá deitou suas principais raízes. Sedimentou, entre outros fatores, a cisheteronorma, que termina por produzir seu sujeito desviante, o sujeito *queer*. Para que tal captura ocorresse, ela se vale de saberes e poderes que preconizam com radical positividade o apego à fixidez de uma única forma, a adesão a uma identidade binária e de contornos estáveis de gênero, sob pena de *backlash*. Orlando é a personagem que devemos recordar, pois sua tecitura sensível é um bastião contra a organização heteropatriarcal da cultura e política, - e por consequência da produção de subjetividades e complexos culturais – estruturalmente violenta com os corpos e existências *queer*, que deseja incorporar seus diferentes e suas diferenças à lógica de conformação. Por isso, focamos nessa figura matricial da obra de Virginia Woolf, urdida na tapeçaria do tempo com fios de passado e presente, meio argonauta das águas da identidade e meio onironauta dos sonhos de transformação, em constante deriva sobre épocas e gêneros, fluído e vivo.

Nosso único objetivo neste ensaio é refletir sobre um complexo de Orlando enquanto uma estrutura possível da imaginação, à moda bachelardiana: complexo não como um conceito pessoal, mas como algo que nasce enquanto representação na relação entre conhecimento, imagem, metáforas e devaneios poéticos. Algo que nunca reduz a imaginação a meros temas, mas entremeia seus elementos constitutivos de forma complexa. Como em uma psicanálise sem paciente, uma psicanálise do imaginar, que Hillman (2016) soube explicar a respeito da leitura que Bachelard fez de Lautréamont.

Ao mesmo tempo, Orlando é o nome de uma utopia *queer*. Especulativo e ficcional, porém extremamente concreto, ele anuncia um momento que, por ora, só pode existir por meio de um experimento mental e, paradoxalmente, existe enquanto potência em todo corpo *queer*. Suponhamos que, por um momento, a anatomia não seja um destino farmacopornográfico, político e colonial, em que a genitália ou caracteres secundários não predestinem a trajetória singular que se impõe sobre a imaginação da alma. E que, por um milagre woolfiano, as ficções heteroterristas da anima e do animus tenham perdido sua vigência e se unam numa única realidade andrógina e disjuntiva. Que tais ficções cessem de encantar gerações e gerações de analistas privilegiados pelo sistema sexo-gênero. Que no processo de inventar melhores ficções para nossa vida *queer*, povoando a vida de afetos alegres, produzamos um complexo para nos ajudar na travessia do apocalipse colonial, como uma arma, uma lente, uma cama-de-gato, um barato, um abraço – imagens para reimaginar outros mundos. Um complexo de Orlando, nascido da poesia e da verve utópica da invenção de um outro lugar para o *queer* estar, é também um exercício de futurologia, do futuro que desejamos concretizar na terra (MUÑOZ, 2009).

Se Orlando constitui uma modalidade da imaginação do que fenomenologicamente se mostra por meio de seu complexo, é preciso explorarmos esses elementos separadamente. Este ensaio abordará quatro elementos, que também são suas quatro estações: Orlando como um palimpsesto de temporalidades, como uma consciência andrógina, como um nome da metamorfose, e como resistência ao mundo das disforias. Longe de constituírem elementos dispares, são tópicos comuns que, para a psicologia analítica, podem juntos oferecer um novo viés de imaginação do conhecimento sobre a identidade, o corpo e o gênero. Pistas para outro paradigma, enfim, construído dessa vez por e para pessoas *queer*.

Orlando como palimpsesto temporal

Quem é Orlando? Pode-se dizer que é a personagem central de uma das obras mais destacadas de Virginia Woolf (1928/2014), *Orlando: Uma Biografia*, livro célebre por razões que envolvem tanto a forma arrojada com que pensou as questões do gênero, quanto a maneira com que se vale da estrutura de uma biografia, gênero dedicado a pessoas, para parodicamente contar a história de uma personificação, um "espírito do tempo", além de ser um marco do modernismo literário pela sua temática, forma e técnicas empregadas, como o fluxo de consciência.

Também poderíamos complementar que a história começa com Orlando, um jovem nobre de 16 anos vivendo na Inglaterra do século 16, desfrutando de todas as liberdades e privilégios de um aristocrata. Dotado de beleza e talento poético, torna-se favorito na corte elisabetana. A seguir, apaixona-se por uma princesa russa. Depois, serve como embaixador em Constantinopla, onde, após longo sono, acorda transformado em mulher aos 30 anos. Lady Orlando, então, vai viver no deserto e entre piratas, desbravando o vitorianismo, e rapidamente passa a enfrentar as restrições e preconceitos sociais dessa época, quando também luta para encontrar liberdade e expressão. Sua vida atravessa três séculos, e a história finda em 1928, ano da publicação do livro, com Orlando agora sendo uma poetisa moderna, com 36 anos.

E, ainda assim, essa não seria a única possibilidade de resposta para contar quem é Orlando.

O livro completará seu centenário de publicação em 2028 e, assim como a personagem, o livro segue vivo, metamorfoseando-se a cada nova leitura e paradoxalmente criando formas para preservar sua essência. O livro também é frequentemente visto como uma homenagem a amiga e amante de Virginia Woolf, Vita Sackville-West, de cuja complexa relação teria nascido a ideia de um livro que grafa a vida de uma sensibilidade erótica ao invés de uma personagem histórica, subvertendo a noção de cronologia linear rumo à sobreposição de camadas sobre camadas de tempo. Garcia (2012), por sua vez, aponta a hipóstase ominosa de Tirésias em Orlando, sábio da tragédia e poesia grega que já foi homem e já foi mulher, "o vidente da Odisseia, que se tornou cego após ver duas serpentes copularem" na forma de um Ouroboros, tão circular quanto o andrógino, e assim passou a enxergar o tempo do passado, do presente e do futuro. Já Preciado, em seu filme *Orlando: ma biographie politique* (2023), responde que "Orlando sou eu" e que nunca precisou escrever sua biografia, pois Woolf já a tinha feito por ele. Ao contrário de referir-se apenas a uma única personagem, Preciado enxergou no livro história das multidões *queer* a que tanto se dedica – personagens que, como canta Kate Bush, "pularam da página para o mundo das sensações" *[stepping out the page into the sensual world]* e se tornaram pessoas, as inúmeras pessoas *queer* do filme que dramatizam a história de Orlando a partir de sua própria história.

O primeiro ponto de um complexo de Orlando advém dessa característica. Estamos tratando de um personagem cuja complexidade depende de ela ser um palimpsesto de diferentes temporalidades: pessoais e coletivas, históricas e mitológicas, que suscita uma reflexão sobre a sobreposição e interação de diferentes matrizes e períodos temporais com espaços, objetos e personagens dentro de uma narrativa. Originalmente, um palimpsesto é um manuscrito ou documento no qual o texto original foi raspado ou lavado para que o pergaminho pudesse ser reutilizado, enquanto os traços do original permaneceriam visíveis. Pensado num contexto temporal, o palimpsesto sugere que o presente não é uma tabula rasa, mas que contém dentro de si marcas, influências e resíduos de tempos passados, como a presença fantasmagórica do arquetípico no histórico. Nesse sentido, a metáfora de um palimpsesto relaciona-se com a metáfora da personagem na medida em que as camadas sobrepostas de texto oferecem uma analogia competente para pensar num ponto fundamental de Orlando, que vive suas metamorfoses e seus períodos não se apegando à identidade anterior, mas ainda assim sendo marcada por ela. Ou, dito de outro modo, transformando-se em outra para ainda poder permanecer sendo a mesma. Orlando não se apega ao seu passado masculino; no lugar, adiciona outra camada à sua identidade, refletindo a complexidade da experiência humana para além das categorias binárias de gênero.

Uma vez que Orlando vive por muito tempo e, portanto, atravessa momentos nodais da Modernidade europeia, o livro pode ser entendido como um comentário criativo acerca da história que é produzida quando sua narrativa autoritária e unificada é posta em suspenso (SANTIAGO, 2015). Enquanto uma alma que vive, a partir de sua experiência de transgeneridade, os impactos do recrudescimento patriarcal e da construção do imperialismo inglês, Orlando é uma testemunha ocular e sensível de quem viveu os impactos dos novos dispositivos identitários do lugar dos oprimidos e vencidos. Tal recurso também pode ser entendido como uma metaficção historiográfica, conceito de Hutcheon (1989) para um subgênero da metaficção que questiona e reimagina a escrita da história, imbuído de autoconsciência literária e pelo debate da natureza última da ficção. Não bastaria narrar diferentemente os eventos do passado. Seria necessário constituir uma reflexão crítica sobre o próprio ato de contar a história, um deslocamento, via intertextualidade, da autoridade de quem produz a história desde o centro, frequentemente partindo para as margens através da exploração subjetiva e a relatividade da percepção e da memória de suas personagens. Isto é, uma empreitada de reconstrução das imagens estruturais da cultura que é específica do ato criador de narrativas através da fissão do tempo objetivo.

Para Woolf (2014), o desalojamento do sujeito em relação ao tempo linear, cronológico e colonial, é, em si, um ato de estranhamento que ela visa produzir em mais de um momento de sua obra. Tal estranhamento parece ser central para o desenrolar da vida de suas personagens. Em *Orlando*, por exemplo, temos que:

> A mente humana, além disso, age com igual estranheza sobre o corpo do tempo. Uma hora, uma vez que alojada no estranho *[queer]* elemento do espírito humano, pode ter sua duração tal como assinalada pelo relógio aumentada cinquenta ou cem vezes; por outro lado, uma hora pode ser acuradamente representada no cronômetro da mente por um segundo (WOOLF, 1928/2015, p. 66).

Palimpsesto temporal, mas também encruzilhada temporal: o tempo de Cronos colidindo com o tempo de Kairós a todo momento de sua obra, o tempo organizado do mundo externo contra a oportunidade da experiência psicológica. Nesse atravessamento, temos o sujeito woolfiano, que desconstrói uma ideia estável de sujeito por meio de fraturar a ideia de tempo que o perfilaria enquanto essência.

Mas não para por aí. Há a busca por um terceiro tempo. É disso que se trata, quando Anspach (2005) diz que a discussão metalinguística do tempo na obra de Woolf não apenas está no foco temático de suas representações literárias, mas igualmente esgarça a própria forma narrativa construindo-a de forma não sucessiva e acronológica. Woolf, em diversas obras, fragmenta a totalidade da experiência cronológica para integrá-la enquanto experiência subjetiva, o fluxo de consciência, pois visa um desfazimento do eu subjetivo que levaria a um encontro com o "momento"; como se em suas lacunas e divagações pudéssemos encontrar um outro tempo, um terceiro tempo, manancial invisível dos rios da memória e do esquecimento a que o rio da consciência conduz, cujo acesso é extático e transformador. O termo da autora para isso é "estética do momento": nem Cronos, nem Kairós, mas Aion, tempo indeterminado, sem duração, uma totalidade sem bordas que se expande ainda que seja eterno, que tem começo, mas não tem fim; um tempo infinito que faz desconhecer a distância cronológica entre vida e morte,

> fazendo confluir sedimentos de tempo num mesmo organismo sem a coerência dos entes rotineiros [...] não existem mais sucessões, mas sim o universo como um todo o qual, nela não cabendo, a faz explodir em poesia pura (ANSPACH, 2005, p. 24).

Afinal, segundo Paz (1976), a momentânea conciliação entre ontem, hoje e amanhã seria a culminância da experiência poética. Woolf se vale de muitos recursos para propiciar esse efeito literário, entre os quais destacamos descrições impessoais, porém ricamente subjetivas, sobre a passagem do tempo daquilo que permanece e do que não permanece: repetição não sequencial de fatos. Em *Ao Farol* (1927/2013), por exemplo, tem-se a segunda parte da narrativa especialmente dedicada para esse recurso, quando Woolf descreve a progressiva deterioração da casa de praia da família Ramsay, lugar tão fundamental para a compreensão de sua dinâmica e suas experiências. Em todo o resto do livro, a autora faz aproximações impressionistas da experiência temporal para extrapolar sua cronologia, dissociando o tempo do espaço estrategicamente, tornando "uma noite" em um "breve espaço":

> Mas o que é, afinal, uma noite? Um curto espaço, especialmente quando a escuridão diminui tão cedo, e tão cedo um pássaro chilreia, um galo canta, ou um verde desmaiado se aviva, tal como uma folha revirada no oco de uma onda. A noite, entre-

> tanto, sucede à noite. O inverno guarda uma boa safra dela em estoque e as distribui igualmente, imparcialmente, com dedos infatigáveis. Elas aumentam; elas escurecem (WOOLF, 1927/2013, p. 111).

A fissão do tempo cronológico nas narrativas modernas também está a serviço de propiciar experiências temporais fora do tempo do império e do patriarcado. Não só pela circularidade típica das temporalidades femininas e pela não-linearidade dos tempos fora da Europa, mas porque o exercício de colocar-se fora do tempo do relógio, regido pelas batidas do vitoriano Big Ben, é, em si, uma tentativa de superação da identidade estável e insensível que o promulga. McClintock (2010) discute a ideia de que o tempo não é uma experiência universal e homogênea, mas profundamente marcada por relações de poder. Espaço e tempo, na Modernidade colonial, são racializados, sexuados e engendrados por e nas práticas imperiais. Woolf estava atenta ao que McClintock (2010) falaria muitas décadas depois, de que a imposição do tempo linear, masculino e europeu, sobre os povos e corpos colonizados foi uma condição de progresso desde o ponto de vista do positivismo, que dividiu os povos não-europeus entre diferentes categorias de atraso ou mesmo presos a um passado pré-histórico. Não à toa, inclusive, as mudanças mais significativas de Orlando, todas processadas no tempo, se deram em espaços marginais do Império Britânico, como no deserto, no mar, ou em uma insurgência popular em Constantinopla. Foi necessário viver outros tempos, desestabilizar a cronologia imperial e patriarcal, para que suas mudanças acontecessem: de sexo, de identidade de gênero e de identidade sexual.

Estes recursos e tantos outros fazem parte do arcabouço criativo de Woolf e encontram em Orlando uma apoteose. Como Woolf, Orlando vive o afã poético de tocar o fim último das coisas via palavra, e por isso, Woolf a esgarça, libera a energia vital presa entre letras e sílabas através da reconstrução e sobreposição de diferentes temporalidades.

Orlando como consciência andrógina

Sabemos que é estranhamento que resulta do anacronismo nas camadas de tempo que se acumulam em Orlando. Esse estranhamento é também *queerness*, análogo e coerente com o estranhamento de gênero que o livro visa causar, ao retratar a intercambialidade dos sexos de forma não estigmatizada. Propomos que outro plano desse estranhamento se processa na alçada do gênero, dentro de um campo simbólico da androginia.

Diz Santiago (2015, p. 268) que "Orlando não é normal nem natural [...] É *queer*". O termo, certamente, é um anacronismo consciente de Santiago, que aqui aproveito para o ensaio. Halberstam defende seu uso para a proposta pois,

> o que, em parte, fez o "ser queer" se impor como forma de autodescrição, nos últimos anos, tem a ver com a maneira como essa concepção torna acessíveis à época e ao espaço novas narrativas de vida e relações alternativas (HALBERSTAM, 2005 apud SANTIAGO, 2015, p. 268).

O que se quer dizer quando afirmamos que Orlando é *queer*? Certamente, diz respeito a sua pertença simbólica ao agrupamento das imagens andróginas, extravagantes, estranhas, dos corpos que ultrapassaram as barreiras de gênero. Imagens estas que, por sua vez, são produzidas por agrupamentos humanos que nunca foram totalmente domesticados pela ideologia do binarismo de gênero cristão, dentro ou fora do imperialismo ou do colonialismo. Contudo, não nos referimos aqui a uma androginia estável, como o Rebis alquímico, mas uma androginia fluída, uma modalidade de mescla e deslocamento de imagens que mais se aproxima do grotesco e do paródico. Chamar Orlando de *queer* também o relaciona a uma concepção de sujeito em que o ego não é soberano da totalidade da vida, em que o sujeito importa mais naquilo que singularmente desvia de um padrão, quando a alma assume o lugar de centralidade antes ocupado por um eu de forma poética.

A segunda característica do complexo de Orlando é a habilidade de extrair poesia para a vida diretamente das rachaduras das categorias identitárias. Criar para si uma vida orlandesca é um exercício poético de aproveitar-se do desapego às determinações temporais rígidas para viver a verdade de sua carne, respondendo às demandas de seu período com subversão dos essencialismos, mas sem a pretensão de que exista um "eu" capaz de permanecer fora das contingências em que se situa. Afinal, o exercício de desconstrução não é um exercício ingênuo de anacronia.

Segundo Garcia (2012, p. 47), a crítica das identidades via o exercício de uma androginia *queer* em Orlando favorece a desnaturalização das mesmas e as apresenta como discursos performativos e fluídos:

> o caráter queer da obra de Woolf está na maneira como destaca a multiplicidade, a fluidez, a impossibilidade de classificar constantemente o vocabulário conceitual utilizado normativamente para dar a cada um dos sujeitos uma identidade fixa e imutável.

A performatividade da linguagem na criação das verdades identitárias é central para essa estratégia de Woolf. Os próprios estudos *queer* recordam que a estratégia de desconstrução dos essencialismos opera na esfera linguística, no sentido de que os atos de fala, mais que constatativos, podem criar realidade quando se valem de um vetor de poder para serem promulgados e quando são compulsoriamente repetidos, como por exemplo a estabilização das categorias de "homem" e "mulher"

(BUTLER, 2020). Ademais, a certeza de que supostamente haveria quanto à identidade sexual de alguém já é posta em suspenso jocosamente logo na abertura da obra: "Ele – pois não podia haver nenhuma dúvida sobre o sexo, embora a moda da época contribuísse para mascará-lo" (WOOLF, 1928/2015, p.11), pois Orlando é também descrito como portando características físicas andróginas, como seu rosto coberto por uma penugem de pêssego, lábios finos e dentes com a brancura de uma amêndoa.

Essa incerteza sobre a atribuição de gênero por meio de características físicas e discursivas atravessa o livro inteiro. Orlando, sensível e amante da natureza, nunca correspondeu às expectativas de masculinidade de seu pai, matador de mouros nas cruzadas, ou mesmo da masculinidade esperada de um diplomata representante do Império. Orlando teve interesse sexuais bastante variados e por pessoas dissidentes das normas: um arquiduque ou arquiduquesa ora chamado Harry, ora chamada Harriet; uma cigana com quem se casa; seu marido no século 19, Marmaduke Bonthrop Shelmerdine. Quando adolescente conhece a figura espetacular de Sacha, seu desconhecimento sobre ela ser homem ou mulher é um grande atrator das disjunções de gênero referidas: não sabia se era homem ou mulher, pois usava túnica e calça à moda russa, e "nenhuma mulher poderia patinar tão bem". A confiança em sua percepção de Sacha é posta à prova, e não somente por causa das roupas, mas pela própria forma instável e intensa como vive seu desejo sexual. Mesmo depois de saber que ela é uma princesa russa, Orlando insiste no diminutivo Sacha por ele servir tanto para homens quanto mulheres. Assim como Orlando, Sacha entendia a vida na corte como uma prisão. O casal então se esconde na multidão de gente comum, em busca de algum lugar isolado em cima do rio Tâmisa congelado, num ato que simboliza a suspensão das condições e expectativas sociais. Vivem uma breve paixão, pouco antes do rio começar a se partir e, com isso, se afastarem. Sacha representa um despertar possivelmente não heterossexual para Orlando, assim como ser uma figura *queer* que lhe inspira identificação.

Para muitos autores, inclusive para a própria Woolf, a condição de Orlando pode ser entendida como uma condição andrógina, mesmo antes de sua mudança de sexo. Porque o termo possui mais de uma acepção, e é consideravelmente mais antigo que a ressignificação do termo *queer*, devemos pensá-lo com mais cuidado sobre o que ele se refere em Woolf.

O andrógino não é um ser alheio ao campo junguiano, visto que é uma imagem arquetípica importante para a alquimia e é entendido como uma imagem possível da meta da individuação. Entretanto, ainda que a contrassexualidade junguiana sugira uma complementariedade dos aspectos masculinos e femininos no indivíduo desde sua concepção a partir dos arquétipos de anima e animus, raramente ousa-se ver tal quadro teórico em sua radicalidade. Afinal, tudo se passa como se fosse mais "junguiano" discutir as imagens andróginas quanto ao seu aspecto simbólico do que os corpos e existências andróginas concretas – esse profundo apego ao binarismo eurocentrado de gênero e sexo num geral, que invisibiliza, desde a teoria, as existências não-binárias e mal compreende as existências trans ou outros dissidentes da heteronormatividade.

Contudo, existem iniciativas louváveis de produzir conhecimento acerca dos temas de identidade e gênero. O estudo mais destacado que temos é de Singer. Originalmente publicado nos anos 70, *Androginia: rumo a nova teoria da sexualidade* (1976/1990) constituiu, até então, o maior esforço no campo junguiano para pensar o gênero para além dos essencialismos das psicologias do homem e da mulher, além de relacioná-lo a um escopo social e cultural maior, visto que a androginia passa a também ser um estado psicológico de integração das antinomias do masculino e do feminino. Singer (1976/1990), munida de uma leitura bastante singular de anima e animus, defende que a integração das qualidades opostas pode levar a uma vida mais completa e equilibrada. Considera, igualmente que a sociedade frequentemente impõe papéis de gênero restritivos que limitam o desenvolvimento pessoal ao forçar indivíduos a se confinarem e se conformarem a normas estritas de masculinidade e feminilidade, negligenciando no processo partes de si mesmos que não se encaixariam nessas categorias. A androginia seria o resultado da superação das noções convencionais de gênero, oferecendo uma forma mais fluída e flexível de entender a identidade e uma relação mais empática com os outros. Tais ideias foram vanguardistas e se somaram a tantas outras, sobretudo dentro dos movimentos feministas e *queer* no período.

Contudo, ainda que Singer (1976/1990) reconhecesse que as complementariedades também são oposições, ela passou ao largo de incluir em sua concepção de androginia visões que considerassem a disjunção e as outras possibilidades combinatórias dos elementos de gênero, focando-se especificamente na integração dos elementos masculinos e femininos. A própria Woolf (1928/2014), em *Um teto todo seu*, se refere ao termo "mente andrógina" de forma bastante semelhante a Singer (1976/1990), mas pensando-a como mais fluída e móvel. Segundo ela, a mente mais fecunda e inovadora é aquela que é capaz de transcender as limitações impostas pelos gêneros, combinando sensibilidades e perspectivas entendidas como masculinas e femininas. Ela sugere, a respeito da literatura, que a verdadeira genialidade não reside na supremacia de uma perspectiva de gênero sobre a outra, mas na harmoniosa fusão das duas:

> O estado de espírito normal e cômodo é aquele em que os dois estão juntos em harmonia, cooperando espiritualmente. Se a pessoa é um homem, ainda assim a porção mulher de seu cérebro deve produzir resultados; e a mulher também deve se comuni-

> car com o homem que tem dentro de si. Talvez seja isso que Coleridge quis dizer quando afirmou que as principais mentes são andróginas. É quando essa fusão acontece que a mente é fertilizada por completo e usa todas as suas faculdades. [...] Ele quis dizer, talvez, que a mente andrógina é ressonante e porosa, que transmite emoções sem empecilhos, que é naturalmente criativa, incandescente e indivisa (WOOLF, 1928/2014, p. 139).

De forma que o artista genial possui uma "mente andrógina" porque não constrange sua criatividade pelas barreiras de gênero, porque flui livremente, capturando a riqueza e a complexidade da experiência humana. O que não quer dizer que as condições de acesso a essa mente criativa pudesse ser obtida por qualquer pessoa. Aqui, sua atenção é feminista, pois constata que as estruturas sociais e literárias historicamente limitaram as mulheres, e que o acesso a um "teto todo seu" e renda fixa anual são pré-condições para o desenvolvimento da criatividade em todo o seu potencial, afinal, "a liberdade intelectual depende de coisas materiais. A poesia depende da liberdade intelectual" (WOOLF, 1928/2014, p. 151).

Nessa mesma esteira, Adams (2004) fez uma análise junguiana das memórias de Daniel Paul Schreber, caso célebre sobre o qual Freud escreveu, e teceu considerações importantes sobre sua desmasculinização e androginia para além da leitura clássica que conformava Schreber a um quadro meramente psicótico. Ao invés de interpretar os sintomas de Schreber à luz tão somente de um inconsciente pessoal, Adams (2004) soube ver sua mitopoese como uma forma de superação das antinomias do masculino e do feminino num plano coletivo da Europa daquele momento. Seu processo de "mulherificação" é, antes, uma profunda expressão arquetípica dos potenciais da androginia de recodificar os saberes e sentidos do existir corpóreo, evidenciando uma busca por uma união de opostos dentro de si. Schreber buscava um estado espiritual de "bissexualidade", capaz de experienciar a totalidade dos potenciais humanos. Assim como fizemos com Orlando, Schreber também é aproximado da figura mitológica de Tirésias.

A partir de Graves, Adams (2004) recorda que Tirésias, "aquele que se deleita com os signos", viu a cópula de duas serpentes e, quando ambas o atacaram, ele matou a serpente fêmea com seu bastão, e nesse momento, ele tornou-se mulher. Foi uma prostituta bastante celebrada em Tebas e, passados sete anos, quando deparou-se novamente com a cena da cópula, matou a serpente macho e voltou a ser homem. Pode, portanto, viver o intercurso sexual tanto como homem quanto como mulher. Sua experiência foi inclusive a razão de ter sido escolhido por Zeus e Hera para resolver uma controvérsia sobre qual prazer sexual seria superior. Ao enfurecer Hera, por afirmar que Zeus estava certo de que as mulheres possuem dez partes de prazer enquanto o homem só teria uma, ela o cega. Zeus, por sua vez, compensa-lhe a cegueira do mundo exterior com a visão interior, tornando-se um sábio no processo. Nessa chave, Schreber seria um Tirésias contemporâneo, assim como também um parente simbólico de Orlando.

Hillman (1984) discorreu em *O mito da análise* sobre a androginia enquanto uma reimaginação e uma integração do componente dionisíaco, "o lado abissal do homem corpóreo". Em um capítulo magistral, remonta séculos de saberes misóginos que construíram uma imagem de inferioridade feminina, e conclui que adentrar na imaginação de Dioniso poderia ser uma resposta, pois a androginia seria dada, *a priori*, como um dominante arquetípico. A manifestação do dionisíaco pela via da androginia importa inclusive como forma de superação patriarcal pela sua capacidade de transcender dualidades tradicionais, incluindo a de gênero. Dioniso, através de suas características e mitos associados, representa a dissolução das fronteiras entre masculino e feminino, racional e irracional, selvagem e domesticado. Assim, ele constitui uma metáfora poderosa para o processo analítico e o caminho da individuação.

Não necessariamente oferecendo uma síntese para tais antinomias, Dioniso é um convite a integração da contradição e da complexidade no plano da vida. O sentido que Hillman (1984) dá para a androginia, diferentemente de Singer (1976/1990), a aproxima de uma perspectiva móvel, descompromissada de representar uma síntese entre masculinos e femininos. O que está em jogo na consciência dionisíaca é igualmente a reinserção do fantástico, o extático, o exagerado e o extraordinário da existência. Dessa forma, pode-se constatar uma proximidade com o universo simbólico do grotesco, na medida em que esse entendimento de androginia se volta para pensar o corpo como potencialmente desprovido de fronteiras, em constante transformação, a existência do baixo no alto, a presença da sombra na luz, a celebração de todas as inversões e a carnavalização do sagrado.

O grotesco, segundo Bakhtin (2010), em sua essência, desestabiliza as noções de normal e decoro, operando através do choque e da surpresa para questionar os limites da representação e da realidade. Afinal, a transformação de Orlando em mulher e sua subsequente imortalidade são elementos surreais e fantásticos que são intrínsecos do grotesco. Sua metamorfose, que ocorre sem qualquer explicação lógica, desafia a ordem natural das coisas e perturba narrativas convencionais. É precisamente este o tom da androginia em Orlando: sua metamorfose e sua longevidade espantam mais por um apelo ao paródico e ao absurdo, e muito próximo de uma visão *queer*, recusa a predominância do masculino ou do feminino, e não tenta simplificá-los ou totalizá-los em um único eixo de compreensão.

Deleuze & Guattari (2010) nomearam uma forma de síntese que pode oportunamente explicar a natureza da androginia de Orlando: a síntese disjuntiva. Trata-se de uma maneira de compreender como elementos ou fluxos de desejo podem estar conectados ou associados de maneiras não hierárquicas e não exclusivas. Ao contrário de uma síntese dialética, que buscaria resolver as contradições através da superação e sublimação em uma nova unidade – tese, antítese, síntese –, a síntese disjuntiva aceita e celebra a coexistência de diferenças e resoluções sem necessariamente resolvê-las ou fundi-las numa identidade. Ela propicia uma multiplicidade de conexões, associações e expressões do desejo que não se limitam em estruturas binárias e opositivas. Por meio de tais disjunções, o desejo opera através de encontros e ligações que não seguem lógicas pré-determinadas. A subjetividade, para os autores, não é monolítica, tampouco fixa, mas operam por processos contínuos de diferenciação e conexão.

Seja a androginia compreendida como uma síntese dialética ou uma síntese disjuntiva, fato é que, no complexo de Orlando, visa-se deslocar imagens e hibridizá-las em novas possibilidades de representar a vida em sua complexidade.

Orlando como nome de metamorfose

O terceiro tópico fundamental para o complexo de Orlando é a forma como vive suas metamorfoses. Orlando não vive o princípio estático e lógico da identidade, para quem A é sempre A, e jamais pode ser B. No lugar, vive com júbilo o processo de A tornar-se B. Sua metamorfose tampouco visa a tornar-se outro, mas a continuar a ser a si próprio, em resposta às mudanças dos tempos que atravessa. E por mais que convenha o enfoque de gênero, não faria jus à profundidade da concepção de metamorfose restringi-la tão somente aos marcos identitários que o livro descontrói. As metamorfoses de Orlando auguraram, em 1928, todo um quadro da pós-modernidade que positivaria a metamorfose e a pensaria no seio dos processos contemporâneos. Em clima de profundas mudanças estruturais, quis o capitalismo monopolizar a mudança e a metamorfose para dentro de sua lógica de fagocitar as diferenças e singularidades. No lugar do Ser entendido em sua versão clássica, o enfoque na metamorfose traz a importância para aquilo que queremos e devemos nos tornar, ao invés do que podemos abandonar. A representação das mudanças, deslocamentos, transformações, vem embalando autores acerca de como responder às demandas por compreensão do contemporâneo.

Braidotti (2002) é uma filósofa espinosista cuja obra inteira é dedicada a pensar sobre as potencialidades da vida e do corpo, o que mais ele pode ser e se tornar. É, ademais, grande leitora de Woolf, frequentemente citada em patamar de igualdade com outros filósofos. Seu olhar para o devir, para o tornar-se, dá precisamente conta de entender as metamorfoses dentro de um contexto rico de encontros e colisões com a diferença. Para ela, a metamorfose representa uma alternativa radical à noção de identidade fixa e imutável, sugerindo um processo contínuo de transformação e de devir que reflete a própria natureza dinâmica e fluída da vida. O humano e o não humano, o orgânico e o tecnológico, homens e mulheres: todas fronteiras que a experiência contemporânea suscita refletir, pois estão sendo ora esfaceladas, ora renegociadas. Afinal, essa transformação contínua é fundamental para navegar na complexidade do mundo atual. De acordo com Braidotti (2002), a metamorfose é uma estratégia de resistência às normas e categorias opressivas, que capturam a habilidade de mudança para melhor gerir a vida. Contrariamente aos modelos de identidade que se baseiam em hierarquias, a metamorfose sugere uma maneira de ser que é inclusiva, relacional, alteritária para além do âmbito humano. Seu otimismo para com a metamorfose, contudo, é cauteloso: a agência dos indivíduos e das coletividades na modelagem de suas vidas é central para sua visão de metamorfose, mas está também atenta para as hierarquias já existentes acerca de quais corpos possuem o privilégio de poder viver suas metamorfoses e quais não possuem.

Outro paradigma para compreender a metamorfose em Orlando pode ser encontrado junto aos gregos do passado:

> Mescla e inversão: dois procedimentos que não esgotam, nem remotamente, o registro grego do intercâmbio dos sexos. No terreno de uma definição estritamente corporal, encontramos figuras mistas de virilidade e feminilidade. Esta definição está tanto no campo da medicina (Hipócrates), como postulada na mitologia. Daí conhecemos o andrógino primordial. Nos mitos gregos, ele aparece em Dioniso (GARCIA, 2012, p. 45).

Por meio dessa modalidade imagética, os gregos pensaram o corpo sexuado dos mortais, compreendendo que o corpo não é apenas o que limitamos a ele. O corpo, afinal, só poderia ser pensado em sua totalidade uma vez que suas metamorfoses cessassem com a morte. Foucault (2013) cunhou o termo "heterotopia" para descrever espaços físicos reais que funcionam de maneira distinta do ambiente que os cerca, espelhando, distorcendo ou invertendo de alguma forma os arranjos normativos do espaço. Para ele, o corpo seria a primeira heterotopia de todas, pois sedia multiplicidade e contradição, inúmeros sentidos e imagens, usos e percepções que variam significativamente depender dos contextos e modalidades de imaginação. Sendo veículo para o significado e a resistência, jamais foi uma entidade puramente fisiológica. O corpo, entendido como local de conflito em que normas sociais são tão inscritas como resistidas, onde identidades são formadas e desfeitas, elege o imaginário da metamorfose como forma privilegiada de representação desde, pelo menos, Ovídio.

Warner (2002) dedica-se ao estudo dos mitos e da cultura popular. Segundo ela, para o mundo greco-romano, liminaridade e hibridez são tópicos do amplo campo das metamorfoses e transmigrações da alma. Orlando, no passado, teria sido entendido como um prodígio, um monstro em seu sentido etimológico: ser divino que suscita o olhar e que mostra algo da criação ou das vontades dos deuses e que pode ser resultado de um processo de metamorfose. Segundo a mitógrafa, maravilhas e prodígios dão corpo e materialidade ao insólito da vontade divina, e igualmente deflagram movimentos de criação e modos de expressão que a sensibilidade poética capta através da imaginação. São os respiros da alma criadora insuflada de mundo. As metamorfoses de alma são maneiras do maravilhoso se fazer presente desde dentro e, consequentemente, fascinar o olhar para o mundo de maravilhas, encantado por monstros e deuses, figuras limítrofes, insólitas e sagradas. Se o hibridismo congrega diferenças, a metamorfose permite que sejam transpostas; juntos, constituem as operações axiais da imaginação prodigiosa do mundo de maravilhas.

No estudo de Warner (2002), as *Metamorfoses* de Ovídio servem de ponto de partida para pensar modalidades de transformação fantástica que se desenrolam das muitas históricas míticas que canta. Não à toa nos importa, visto que Tirésias grassa em suas linhas. Nesta que é uma das mais importantes obras poéticas da Antiguidade, as transmutações do corpo e da alma nos mitos gregos constituem a principal inspiração. Logo na invocação inicial, o poeta afirma que sua intenção foi contar a história de corpos que mudaram para diferentes formas. Para tanto, Ovídio reconta antigos mitos e inventa outros tantos. Opta quase sempre pelas suas versões mais antigas, embora não se furte de referenciar leituras consagradas por grandes obras, como a *Odisseia* e a *Ilíada*.

Cada um deles possibilita distintas leituras sobre as potências prodigiosas de criação e recriação da alma: enquanto Deucalião e Pirra criam uma geração de humanos ao arremessar pedras sobre seus ombros, Níobe é transformada em montanha pela morte de seus filhos, chorando rios de lágrimas. A origem das sereias é explicada quando meninas veem Proserpina, à imagem da Coré de Elêusis, sendo violada e raptada por Plutão. Entram em pavor, gritam e choram de tristeza, sendo transformadas em sereias para começarem sua errância pelo mundo à procura de sua amada amiga. Já o escultor Pigmalião também procura uma mulher, mas a mulher ideal das formas do mármore trabalhado por suas ferramentas; por acidente, acaba dando vida a Galatéia. Algumas metamorfoses possuem fim moral, portentoso: Licaom é transformado em lobisomem por servir uma refeição canibal para Zeus; Aracne é transformada em aranha por superar a excelência do bordado de Atena. Já outras metamorfoses acontecem não por punição, mas por prevenção: Tereus, Procne e Filomela são subitamente transformados em pássaros após sanguinária querela. Além dos imortais, deve-se também recordar um pequeno grupo de prodígios que são, por natureza, perpétuos metamorfos. O próprio Proteu, que dá nome ao adjetivo "proteano", é um polimorfo em constante estado de devir, sempre instável e vertiginoso, inspirando a imaginação prodigiosa no Ocidente séculos por vir.

Ao longo de quinze livros, de casos particulares da mítica até o próprio maquinário que move o universo, Ovídio narra o processo pelo qual a matéria e os seres se animam e se transfiguram. Em comparação às taxonomias modernas, particularmente ao mundo colonial das verdades médico-jurídicas, as classes de forma existentes nas *Metamorfoses* são porosas e instáveis: animais, vegetais e minerais se fusionam e se amalgamam, seres do alto e do baixo trocam de lugar, figuras se fragmentam e se remontam. Isto se deve, sobretudo, porque sua poética é permeada por um afã de cantar as possibilidades integrais de metamorfose da alma, ao invés de tipologizá-las em conformidade com as categorizações esquemáticas da razão aristotélica. Daí o resgate de outras concepções de metamorfose importarem tanto para os dias atuais: são formas outras de se enxergar a potência da vida, através de nomes outros para seus processos, e processos outros para não resumir a vida às lógicas que paralisam seu fluxo intrínseco.

O poeta finda sua obra com um eloquente e vigoroso hino, os ensinamentos de Pitágoras, que invoca o ritmo cíclico da geração, emergência, decadência e re-emergência que sintetiza seu entendimento de metamorfose:

> O espírito circula, vem de lá para cá e vai de cá para lá,
> Toma posse de qualquer corpo, passa das bestas
> Aos corpos dos homens e do nosso às bestas, e nunca perece.
> Tal como a cera moldável se modela em formas novas
> E não permanece o que era, nem conserva as novas formas,
> Mas é sempre a mesma cera, assim ensino eu que a alma
> É sempre a mesma, mas emigra para figuras diversas. [...]
> [...] Tudo flui, as formas todas se organizam para ir e vir.
> Até o próprio tempo flui em movimento contínuo, de modo
> Semelhante a um rio. De fato, não se para um rio, não se pode
> Parar a hora fugaz, mas uma onda empurra a outra, a que vai à frente
> É impelida pela que chega e impele a que está diante de si.
> Assim corre o tempo de modo igual, e de modo igual segue-se
> Um ao outro, e é sempre novo
> (OVÍDIO, 2017, XV, 169-187, p. 799-800).

Como Orlando, simultaneamente una e múltipla, uma imagem da cera modelável borra fronteiras entre arte e natureza e traz a ideia de alma como o veículo das formas migrantes de vida. A metamorfose torna-se um princípio de vitalidade orgânica ao mesmo tempo que é uma pulsão estética (WARNER, 2002). Esta visão informa os mitos clássicos e governa a prática da magia e, não à toa, se contrapõe à noção de integridade estável e unitária da tradição judaico-cristã. Ao contrário da alma cristã, a alma em Ovídio é uma entidade mutável que intercambia residências e corpos com outras almas. Sempre processuais, Warner (2002) pontua que as metamorfoses ovidianas estão abrigadas sob a ampla rubrica da metempsicose para a qual não somente a alma tomaria diferentes formas, mas também propiciaria a própria mudança da Natureza através de seu poder criativo de transmutação e de sua transmigração de corpos. Para ele, só há metamorfose porque há uma alma que a tudo habita. Como em Orlando, dotada de paixões, seria o irromper da alma em momentos de crise que catalisaria a transmutação da própria natureza da natureza: "Também o corpo de cada um de nós vai se alterando/continuamente, e o que ontem fomos ou o que hoje somos/ já amanhã deixamos de o ser" (OVÍDIO, 2017, XV, 215-218, p.803).

Pois suas metamorfoses pertencem a um vasto esquema biológico, existente no plano universal do tempo cósmico, para o qual as afecções e as intensidades teriam a função de capturar as vidas humanas de volta ao seu eterno fluxo. O estopim da metamorfose é o afeto, o pathos, a paixão. Warner (2002, p. 5) especifica a lógica por trás de seu quadro de geração natural: "[ele assume] um universo que é incessantemente progenitor, múltiplo e fluído, e organiza a relação entre criaturas segundo axiomas de afinidade metafórica, ressonância poética e até mesmo uma variedade de trocadilhos virtuosos". A poesia, a metáfora e a língua, nesse sentido, constituem a linguagem da alma e possibilitam transmutações na medida em que se servem do irromper da crise para expressar intensas paixões. Dilaceram, assim, o pétreo tecido do ordinário e fazem a alma regressar ao mundo.

À luz desta perspectiva, muito longe de restringirem-se ao repertório dos poetas, as metamorfoses e hibridismos são antes notáveis movimentos anímicos do imaginário das maravilhas da Antiguidade, e a obra de Ovídio, por sua vez, um dos textos fundacionais desta tradição poética de quimerismos no Ocidente.

Orlando como resistência a Dysphoria mundi

É sabido que Orlando é um livro profundamente feminista. Ao eleger uma figura andrógina e metamórfica para testemunhar as mudanças históricas de como as normas sociais produziram opressões e mortificações na alma, Woolf desejava tanto denunciar as hierarquias da diferença sexual, quanto implodi-la. Não obstante isso, Woolf cria Orlando como um aristocrata de um sistema racista e patriarcal como o do Império Britânico, provavelmente porque enxergou o potencial de subversão que a desconstrução de uma figura desde dentro do sistema poderia causar. Mas aspectos de seu contexto não coincide de todo com o nosso. A colonialidade encontrou novas formas de perpetuação; o patriarcado não arrefeceu seus grilhões, retornando de tempos em tempos como *backlash*; o mundo jamais cessou suas guerras; o sistema de produção econômico mutacionou do liberalismo para o neoliberalismo, e com isso, transbordou para a cultura e para a subjetividade de forma indelével.

De forma que não podemos nos furtar de questionar, como Preciado fez em seu brilhante filme *Orlando: ma biographie politique* (2023): quem seria Orlando hoje? Ele viveria sua androginia enquanto transgeneridade? Quais obstáculos enfrentaria em sua jornada de individuação? Quais metamorfoses ele poderia ou não viver? A última parada de nosso ensaio insiste na ideia de que ele ainda seria subversivo e endossaria a resistência contra um mundo que, hoje, é intrinsecamente *out of joint*.

Preciado (2023) postula que o mundo se tornar fora dos eixos é um efeito direto de nosso ato coletivo de destroçá-lo por meio de categorias estreitas acerca de como entender e viver a vida. A alma humana, para ele, precisa ser contemplada como um amálgama de categorias, e não uma categoria à parte: uma rede bioelétrica, que congrega todos os elementos em proximidade com o corpo e inclusive na proximidade da alma não humana, geológica, animal, cósmica. O corpo, por sua vez, precisa ser diferenciado do corpo da Modernidade, pensado do ponto de vista anatômico e de propriedade, para ser pensado enquanto somateca. Muito semelhantemente, Hillman (1984) chegou à conclusão de que a linguagem científica, quando não remetida às intenções que a promulgam, está a serviço da literalização da multiplicidade da vida, e entende que a linguagem da alma é um antídoto, com suas metamorfoses e poéticas intrínsecas, a esse esquema.

Nas sociedades modernas, disciplinares e de controle, a alma primeiro instala-se como um implante vivo na carne, e em seguida é podado como um bonsai. Os corpos que não importam foram inclusive privados do entendimento de que possuíam alma: "pura anatomia, carne comestível, músculos que trabalham, úteros reprodutivos, pele dentro da qual ejacular" (PRECIADO, 2023, p. 20). Estes são os corpos animais, colonizados, escravizados, racializados, assim como dos Outros do Mesmo: mulheres, pessoas consideradas doentes, crianças, homossexuais e pessoas trans. A medicina do século 19 primeiro chamou o corpo das almas migrantes de transexual, depois de transgênero. Foram constituídas por estes saberes e poderes como almas em exílio e corpos em mutação.

Enquanto pessoa trans, Preciado (2023) afirma que este mundo de classificações pobres e de práticas de segregação e violência heteropatriarcal o reconheceu enquanto doente por ser um corpo cuja alma é migrante:

> Sou uma ruptura sideral entre o corpo que me impõem e a alma que constroem, um racha cultural, uma categoria paradoxal, uma brecha na história natural da humanidade, um buraco epistêmico, uma fissura política, um abismo religioso, um negócio psicológico, uma excentricidade anatômica, um gabinete de curiosidades, uma dissonância cog-

> nitiva, um museu de teratologia comparada, uma coleção de desajustes, um ataque ao senso comum, uma mina midiática, um projeto de cirurgia plástica reconstrutiva, um terreno antropológico, um campo de batalhas sociológico, um estudo de caso sobre o qual os governos e organismos científicos, as igrejas e as escolas, os psiquiatras e os advogados, a profissão médica e a indústria farmacêutica, e evidentemente os fascistas, mas também as feministas conservadoras e os socialistas, os marxistas, os racistas e os humanistas, todos estes novos déspotas ilustrados do século 21, sempre têm algo a dizer, embora ninguém tenha pedido sua opinião (PRECIADO, 2023, p. 20-21).

Talvez Orlando hoje fosse entendido exatamente dessa forma. Orlando talvez fosse, como Preciado (2022) foi, o "monstro que vos fala": toda a numinosidade de sua condição de prodígio, de maravilha, resumida à monstruosidade que restou, na Modernidade, aos corpos dissidentes. A linha de fuga desse falatório incessante só pode ser compreender o próprio sistema que produz tais diferenças e as remonta em esquemas hierárquicos. A maneira como Preciado (2023) percorreu essa trajetória crítica foi elegendo e ressignificando um quadro patológico chamado "disforia de gênero", de maneira a deslocar a compreensão da disforia para o mundo: a "disforia de gênero não mais como um transtorno mental, mas uma inadequação política e estética da subjetividade em relação ao regime normativo da diferença sexual e de gênero. A condição epistêmica-política planetária hoje é a de uma disforia generalizada, a *Dysphoria mundi*, uma chave conceitual de compreensão das condições descritas como disfóricas não mais como patologias, mas como formas de vida que "anunciam um novo regime de saber e uma nova ordem político-visual a partir das quais pensar a transição planetária" (PRECIADO, 2023, p. 22).

O termo "disforia" data do início do século 20 e foi cunhado por Kraepelin e Bleuler para descrever estados de ânimo e mudanças de comportamento em pacientes epiléticos, noção essa vasta o suficiente para abrigar a ideia de "transtorno psiquiátrico". Etimologicamente, *dysphoria* surge da hibridação do prefixo grego *dys*, que sugere negação ou obstáculo, e *phoros*, do verbo *pherein*, que significa suportar ou carregar. Disforia, portanto, significa "dificuldade para transportar", ou "suportar mal", precisamente o contrário do que significa metáfora: "bom transporte". Dos anos 60 em diante, acontece uma generalização do termo "disforia", que passa a estar presente em diversos quadros psiquiátricos. Diz Preciado (2023, p.24): "na quinta edição do *DSM*, atualizada em 2013, a noção de disforia parece ter se transformado, ela mesma, num conceito disfórico que corrói e contamina qualquer outra psicopatologia". A noção específica de "disforia de gênero" precisou aguardar até 1973, com Norman Fisk e Harry Benjamin, para ser cunhada, desalojando a noção de transexualidade, classificada anteriormente como "psicose sexual" e "travestismo fetichista". Tal noção herda o modelo binário que estabelece distinções convencionais e normativas entre masculino e feminino, hetero e homossexualidade, às quais soma a diferença entre dado anatômico e dado psicológico, fazendo com que o sexo estivesse para a anatomia enquanto o gênero estaria para a construção social.

Importante recordar que a generalização e proliferação da noção de disforia coincide com a forma neoliberal do sistema de saúde público e com a privatização dos regimes de seguro de saúde. Se a modernidade disciplinar era histérica e o fordismo esquizofrênico, o neoliberalismo cibernético e farmacopornográfico é disfórico. Segundo Preciado (2018), a era farmacopornográfica descreve uma interseção entre as indústrias farmacêuticas e pornográficas, no contexto do capitalismo tardio, em que ambas se aliam para controlar corpos e sexualidades. Sob essa vigência, os corpos são submetidos a uma constante manipulação através de substâncias químicas, como hormônios, drogas psiquiátricas e recreativas, assim como imagens e discursos sexuais explícitos, que contribuem para moldar normas e expectativas sobre como viver o prazer, o desempenho sexual, a identidade de gênero e a reprodução. A intenção de Preciado, com esse conceito, é apresentar uma leitura biopolítica "da cintura para baixo" do corpo, de como identidades são construídas e vividas em constante relação com os discursos e práticas farmacopornográficas da contemporaneidade, que produz novas formas de expressão da disforia, que nessa visão passa a não mais ser entendida como uma doença individual:

> É preciso entender a *dysphoria mundi* como efeito de uma defasagem, de uma brecha, de uma falha entre dois regimes epistemológicos: entre o regime petrossexorracial herdado da modernidade ocidental e um novo regime ainda balbuciante que se forja através dos atos de crítica e desobediência política (PRECIADO, 2023, p. 26).

Ao contrário de atribuir a disforia apenas a pessoas trans, como se esta fosse sua maior verdade, é necessário entender a *dysphoria mundi* como uma condição política e corporal geral, uma dor produzida pela gestão necropolítica da subjetividade, ao mesmo tempo que uma potência dos corpos vivos do planeta para extrair-se da genealogia do capitalismo, do patriarcado e da colonialidade por meio de práticas de "inadequação, dissidência e desidentificação" (PRECIADO, 2023, p. 27).

É marcante no filme de Preciado sobre Orlando uma relação que o filósofo faz do embate entre a personagem e a rainha Elisabete I, logo no primeiro capítulo do livro de Woolf (1928/2015). Para ele, o encontro de Orlando e a rainha é um embate entre o espírito livre, poético e ainda *puer* do primeiro e a violência *senex* do poder imperial da segunda, precisamente o confronto entre existências que atravessaram as barreiras do binário e o poder psiquiátrico. No filme, muitos Orlandos se encontram na sala de espera de um psiquiatra, a quem devem atender e agradar, falando o que ele deseja ouvir – reforços dos papeis binários de gênero e atestado de disforia de gênero – para obterem acesso a hormonioterapia. A interação entre eles atende ao que o grotesco preconizou como a carnavalização da vida (BAKHTIN, 2010): transformam a sala de espera em uma casa noturna, e dançam e cantam enquanto trocam géis e injeções de hormônio, logo debaixo do nariz da autoridade a ser confrontada, o psiquiatra, que não se junta à festa.

A metamorfose física de Orlando, sabe-se, veio acompanhada de um longo período de sono, enquanto estourava uma revolução em Constantinopla. "Espreguiçou-se. Saltou da cama. Ergue-se em toda a nudez diante de nossos olhos, não nos restando outra escolha, enquanto as trombetas ressoavam Verdade! Verdade! Verdade", que a de admitir... ele era uma mulher" (WOOLF, 1928/2015, p. 92). O que talvez na *dysphoria mundi* fosse entendida como um traço de defesa ou fuga de algum quadro disfórico, no contexto arquetípico das mudanças e de sua androginia, passa a ser a maneira como permite o sonho e o mundo onírico a adentrarem sua realidade. Este é mais um ponto de aproximação de Bachelard (1942/2013), mas também de Hillman (1984), para os quais os sonhos são capazes de transformar nossa percepção interna e nossa relação com o mundo, pela emersão da linguagem poética, que tem a vida onírica como uma expressão vital da imaginação criadora, capaz de renovar a alma ao transcender a realidade imediata e abrir espaço para suas metamorfoses. No caso de Orlando, o páthos, a paixão, que inicia sua metamorfose, é o sono, sua própria arte erótica de sublimar suas partes, assim como uma resistência no sentido que Crary (2016) o sonhar: uma resistência ao modelo econômico atual que promove uma cultura de constante produtividade. O sono e, por extensão, o sonhar, representam um dos últimos bastiões de resistência a um sistema que busca controlar e monetizar cada aspecto da vida humana. O sonho, aqui, é espaço de liberdade, um intervalo de indeterminação e potencialidade que desafia a lógica de eficiência e atividade do capitalismo do "24/7".

No filme de Preciado, Orlando adormece com o livro *O corpo lésbico* nos braços, sugerindo que seu processo de se tornar mulher passa por uma metamorfose paradoxal. Para a autora do livro, Wittig (1973/2019), a própria categoria de "mulher", assim como o conceito tradicional de corpo, é uma construção social imposta pelo patriarcado heterossexista para manter as mulheres numa posição e subordinação. O corpo lésbico transcenderia poética e imaginativamente essas construções disfóricas, colocando-se à margem da heteronorma, que definem quais potências ou metamorfoses um corpo pode ter. Em seu processo de transformação, a pena do biógrafo encontra um impasse entre Musas e Santas: as trombetas de prata de Verdade, Candura e Honestidade, austeras deusas inspiradas pela Curiosidade, o forçam a escrever e aceitar o que aconteceu, enquanto o céu se abre e descem três santas, Nossas Senhoras da Pureza, da Castidade e da Modéstia, valores pios que o patriarcado reservou às mulheres, para tentar evitar que a transformação de Orlando aconteça. As trombetas das Musas vencem as Santas, para o medo do biógrafo, que se vê obrigado a escrever: "nunca, desde que o mundo é mundo, nenhum outro ser humano pareceu mais extasiante. Combinavam-se, numa única forma, a força do homem e a graça da mulher" (WOOLF, 1928/2015, p. 93).

No filme de Preciado, esta cena é conduzida por três drag queens: Tristana, a deusa dos hormônios; Le Filip, a deusa do *genderfucking*, e Miss Drinks, a deusa da insurreição. A imagem se basta.

De volta ao seu país, Orlando não estava alterado em sua identidade, mas estava profundamente afetado em termos de seu futuro:

> Nem bem tinha voltado para a sua casa em Blackfriars quando tomou conhecimento, por uma decisão de agentes do Tribunal de Bow Street e de solenes oficiais de justiça de outros tribunais, que era ré em três grandes processos que tinham sido movidos contra ela em sua ausência, bem como de inumeráveis demandas menores, algumas derivadas, outras dependentes daqueles. As principais acusações contra ela eram: (1) que estava morta e, portanto, simplesmente não podia ter nenhuma propriedade; (2) que era mulher, o que dá no mesmo; (3) que ela era um duque inglês que tinha desposado uma certa Rosina Pepita, uma dançarina; e que com ela tivera três filhos-homens, os quais, declarando agora que o pai era falecido, sustentavam que toda a sua propriedade lhes pertencia por direito de herança (WOOLF, 1928/2015, p. 113).

A perda de seu status, propriedades e documentos é uma crítica mordaz à condição patriarcal da mulher. Tornada pária política na Modernidade, eternamente menor aos olhos da lei, a mulher, assim como as pessoas racializadas e escravizadas, constituíram uma das agências políticas mais intensas a partir do feminismo, que nasce como uma articulação política cujas ondas se organizaram, inicialmente, em torno de reinvindicações e, posteriormente, como crítica da epistemologia dos saberes e da cultura num todo.

Com o *fog* da Revolução Industrial tomando conta da Europa, chega o século 19, cuja segunda metade foi dominada pelos valores vitorianos. A própria Woolf (1942/2012), citando Coventry Patmore, poeta moralizador desse período, usou a imagem de um "anjo do lar" para falar dessa nova visão de feminilidade que era preconizada como a única possível: mulher dedicada exclusivamente ao bem-estar de sua família, submissa e sem ambições fora do âmbito doméstico. Esse anjo deveria ser morto, enforcado pelos próprios grilhões, caso a mulher desejasse emancipar-se criativamente como artista, juntamente de ter um "teto todo seu" e uma pensão anual.

Marmaduke Shelmerdine, figura andrógina e misteriosa, entra neste momento da vida de Orlando para ser seu marido, figura sem qual Orlando não poderia viver de forma minimamente confortável sendo mulher na era vitoriana. Ainda que sua relação com ele não reproduza muitas das hierarquias tradicionais do casamento monogâmico heterossexual, visto que havia amor e ele era semelhante em androginia a Orlando, tal exigência é mais um sinal do desacordo de tempos e disjunções violentas que o século 19 trouxe, de tornar a mulher uma figura dependente de um homem para tutorá-la e a quem devia pertencer. Para Preciado (2023), tal restrição dialoga com a própria questão trans no que diz respeito a suas disputas políticas por reconhecimento social na forma de documentos em que seu gênero esteja retificado, por defender a desnecessidade de declarar-se louco, disfórico, para ter acesso a condições básicas de saúde e também sobre todo tipo de exigência social que uma pessoa trans deva submeter-se para atender um critério de passabilidade.

Foi a sociedade vitoriana que inventou originalmente o conceito de gênero para fins de controle das expectativas e das possibilidades que um corpo poderia a ter. Antes da ideia de identidade de gênero ter sido desenvolvida por Stoller, ou da entrada do tema gênero nas ciências humanas com Rubin, Preciado (2013) atribui a gênese dessa questão aos corpos intersexo. Uma vez que sua ambiguidade genital não poderia ser concebida pelo ideário médico-jurídico do período como mais uma possibilidade anatômica humana, desenvolveu-se uma cirurgia que visava normatizar o genital ao gênero que, segundo a medicina, aquele corpo deveria pertencer: se o genital apresentasse acima de alguns centímetros, o genital seria moldado como um pênis e a criança passaria a ser socializada e identificada enquanto homem; no caso de apresentar tamanho abaixo dos mesmos centímetros, o genital seria moldado como vagina e a criança socializada e identificada enquanto mulher. A violência heteropatriarcal já começa com a fundamentação dos papéis de gênero em uma suposta anatomia correta que passa a importar, ademais, para também estabilizar uma categoria socialmente perigosa: das pessoas cuja dissidência já se apresentava no físico, e não apenas no comportamento. A identificação do sexo no nascimento como sinônimo de identidade de gênero é uma prática, nesse sentido, análoga à mesa de cirurgia: a sexuação *a priori* que constará em seus documentos é a cirurgia de adequação de gênero que todos passamos em uma sociedade que disciplina o corpo, o gênero e a sexualidade; um reconhecimento sem o qual ninguém pode existir para o Estado e que é uma reinvindicação política fundamental para a população trans, apenas recentemente tornada possível no Brasil sem a necessidade de um laudo médico para afirmar seu transtorno disfórico para a Justiça.

O final do filme de Preciado sobre Orlando reserva uma bela cena de resolução para esse impasse: a escritora Virginie Despentes, fantasiada de juíza, concede a vários Orlandos seus documentos retificados com nomes sociais, um ato que parodia as pretensões da justiça na normatização da vida, mas que também aponta para a necessidade, politicamente estratégica, de garantir um acordo com o Estado para que a precariedade da vida *queer* se converta em dignidade e direitos, como aqueles pelos quais lutavam Marsha P. Johnson e Sylvia Rivera, e tantas outras figuras homenageadas por Preciado.

Entre a adaptabilidade e a subversão, um Orlando contemporâneo é uma figura que remete a disforia do mundo ao mundo, ao contrário de particularizá-la sobre os corpos dissidentes.

CODA: O Biógrafo de Orlando

Chegamos ao fim deste ensaio. Os pontos que este ensaio focou, para pensar um complexo de Orlando, envolveu pensá-lo como um palimpsesto temporal, uma poética da androginia, um nome da metamorfose e uma resistência ao mundo das disforias. O complexo de Orlando é um exemplo das utopias se concretizarem justamente porque são impossíveis: ele existe heterotopicamente em cada corpo *queer*. Não como um modelo normativo para a transgeneridade, mas como um itinerário sensível comum a pessoas *queer*.

O que não discutimos até então foi o lugar do biógrafo para Orlando, ou mesmo para um complexo de Orlando. Assim como o mapa não é o território, a biografia não é a vida. É uma representação de uma vida, cujo prisma de visão depende intrinsecamente de um narrador que, por sua vez, jamais é neutro. O de Orlando, ao menos não é. A necessidade de um biógrafo para Orlando, ao invés do recurso da narração em terceira pessoa, introduz camadas discursivas na obra: há Orlando, um personagem que escreve, e há o Biógrafo, outro personagem que escreve sobre o outro personagem. Ainda que a biografia entendida como um exercício de verdade, para Woolf, seja uma impossibilidade, parodicamente ela convida ao exercício de desconstruir as autorias e agências para que, enfim, os leitores possam também se tornar os biógrafos de Orlando. No filme de Sally Potter, por exemplo, a história acaba, mas Orlando não. Como o final do livro de Woolf, que termina no dia de seu lançamento, em 11 de outubro de 1928, o filme de Sally Potter termina em 1992, ano de lançamento do filme, com Orlando levando sua filha para conhecer as ruínas da mansão que costumava viver séculos atrás, antes de ser deserdado por ter se tornado mulher. Seria o sentido da imortalidade de Orlando o fato de que ele, enquanto uma multidão *queer* de inúmeros mortais, perpetuará sua vida pelos séculos da história enquanto houver quem acolha sua personificação e, consequentemente, a narre? A ver, no tempo de uma vida.

Referências bibliográficas:

ADAMS, Michael Vannoy. *The fantasy principle: psychoanalysis of imagination.* New York: Brunner-Routledge, 2004.

ANSPACH, Silvia. Tempo e esgarçamento da narrativa em Virginia Woolf in *Revista Kalliope*, São Paulo, ano 1, nº2, 2005, p. 11-29.

BACHELARD, Gaston. *O ar e os sonhos: ensaios sobre a imaginação da matéria.* São Paulo: Martins Fontes, 1942/2013.

BAKHTIN, Mikhail. *A cultura popular na Idade Média e no Renascimento: o contexto de François Rabelais.* São Paulo, Hucitec, 2010.

BRAIDOTTI, Rosi. *Metamorphoses: towards a materialistic theory of becoming.* Malden, MA: Polity Press, 2002.

BUTLER, Judith. *Corpos que importam: os limites discursivos do "sexo".* São Paulo: N-1 e Crocodilo, 2020.

CRARY, Jonathan. *24/7: capitalismo tardio e os fins do sono.* São Paulo: Ubu, 2016.

DELEUZE, Gilles & GUATTARI, Félix. *O Anti-Édipo.* São Paulo: Editora 34, 2010.

FOUCAULT, Michel. *O corpo utópico, as heterotopias.* São Paulo: N-1, 2013.

GARCIA, Carla Cristina. O que viu Tirésias: a identidade transexual na obra de Virginia Woolf. *Revista de Psicologia da UNESP. 11(1).* p. 44-52. Assis, 2012.

HALBERSTAM, Jack. *In a queer time and place: transgender bodies, subcultural lives.* Nova York: NYU Press, 2005.

HILLMAN, James. *O mito da análise.* Rio de Janeiro: Paz e

Terra, 1984.

______________. "Bachelard's *Lautréamont*, or psychoanalysis without a patient" in *Philosophical inclinations*, Thompson, Conn: Spring Publications, 2016.

HUTCHEON, Linda. *Uma teoria da paródia*. Lisboa: Edições 70, 1989.

MCCLINTOCK, Anne. *Couro imperial: raça, gênero e sexualidade no embate colonial*. Campinas, SP: Editora Unicamp, 2010.

MUÑOZ, José Esteban. *Cruising utopia: the then and there of queer futurity*. New York: NYU Press, 2009.

OVÍDIO. *Metamorfoses*. São Paulo: 34, 2017.

PAZ, Octavio. *Signos em Rotação*. São Paulo: Perspectiva, 1976.

PRECIADO, Paul B. *Manifesto contrassexual*. São Paulo: N-1, 2014.

____________. *Testo junkie: sexo, drogas e biopolítica na era farmacopornográfica*. São Paulo: N-1, 2018.

____________. *Eu sou o monstro que vos fala: relatório para uma academia de psicanalistas*. Rio de Janeiro: Zahar, 2022.

____________. *Dysphoria mundi: o som do mundo desmoronando*. Rio de Janeiro: Zahar, 2023.

SANTIAGO, Silviano. "Entre a flexibilidade e o rigor" in WOOLF, Virginia. *Orlando: Uma Biografia*. Belo Horizonte: Autêntica, 2015.

SINGER, June. *Androginia: rumo a uma nova teoria da sexualidade*. São Paulo: Cultrix, 1976/1990.

WARNER, Marina. *Fantastic metamorphoses, other worlds*. Oxford: Oxford University Press, 2002.

WITTIG, Monique. *O corpo lésbico*. Rio de Janeiro: Bolha edições, 1973/2019.

WOOLF, Virginia. “Profissões para mulheres” in *Profissões para mulheres e outros artigos feministas*. Porto Alegre: L&PM, 1942/2012.

______________. *Ao farol*. Belo Horizonte: Autêntica, 1927/2013.

______________. *Um teto todo seu*. São Paulo: Tordesilhas, 1928/2014.

______________. *Orlando: Uma Biografia*. Belo Horizonte: Autêntica, 1928/2015.

Referências audiovisuais:

ORLANDO. Direção: Sally Potter. Reino Unido, Países Baixos, Rússia, Itália, França: Sony Picture Classics, 1992.

ORLANDO: MA BIOGRAPHIE POLITIQUE. Direção: Paul B. Preciado. França: Les Films du Poisson, 2023.

Deslocamentos-dançantes: da colonialidade aos entre-lugares

Bianca SEIRIO

Dançando em Bela Vista

É noite em um bar/restaurante árabe palestino bastante movimentado, no bairro da Bela Vista em São Paulo. A casa está cheia, muitas pessoas estão de pé com suas cervejas conversando e algumas se balançam com a música de fundo. Nas mesas, porções de falafel, batata-frita com *zaatar* e *kebabs* são os pedidos mais encontrados. As luzes, de repente, mudam, e um pequeno palco ganha destaque. Com a primeira frase musical feita por *nay* e rabeca seguida de um *qanoun*, eu que estava numa pequena sala ao fundo, entre engradados de cerveja, identifico o *mejance*[1] escolhido previamente para abrir os solos do show, a clássica *Jomana*[2], e me preparo com meu véu de seda dourado para fazer uma entrada. Já havíamos dançado alguns números em grupo, o véu grudava no suor do corpo e minha pressão estava um pouco baixa em decorrência do calor no camarim improvisado sem ventilação.

O burburinho das falas se mistura com o som da música que, ao iniciar o ritmo *maksoum*, me convida a entrar no palco. Com o véu na frente do corpo, caminho junto ao ritmo entre as pessoas e mesas até chegar ao palco onde mal tenho tempo de me posicionar pois já sou conduzida pela mudança rítmica do *maksoum* a um *laff* mais agitado. Embalada pela música conhecida e pelo repertório técnico de anos de estudo de dança oriental, os movimentos são criados e vividos em improviso, se relacionando com as possibilidades de cada momento.

1, Mejance, também chamado mise-en-scéne, é um tipo de música geralmente utilizada em abertura de shows egípcios, com bastante variedade de ritmos e humores para que a bailarina possa fazer uma demonstração mais ampla de suas habilidades, conhecimento técnico e personalidade. Apesar de qualquer bailarina que tiver acesso à gravação poder dançar e usar em seu show, cada mejance é composto para uma bailarina específica, inspirado no seu estilo, e até hoje podem ser feitos por encomenda.

2. Disponível em: https://youtu.be/GnDSH9qyi9A?si=llDRufF_YHKPm46J, acesso em 13 de junho de 2024.

Fico imersa em giros e círculos nessa introdução em que a percussão é feita por *derback* e *riq*, junto de uma grande orquestra de violino, acompanhada de momentos com *qanoun*. Após alguns bons compassos fazendo movimentos com o véu, me posiciono entrelaçando-o nos meus braços e inicio uma sequência de movimentos com ênfase na leitura musical da percussão, fazendo movimentos de quadril que tornem visuais no corpo os sons percussivos, até que percebo um estranho silêncio. A música ainda está tocando, mas o burburinho das falas havia sumido do ambiente. Olho para as pessoas no bar, estão todos olhando em direção ao palco, o que não é exatamente uma experiência muito comum nesse tipo de ambiente de trabalho. O que me fez recordar, imediatamente enquanto dançava, que eu não estava em uma casa de shows ou restaurante/bar onde costumava trabalhar, nem onde costuma-se ter trabalho para dançarinas do ventre aqui em São Paulo. O véu enrosca no strass do figurino. Estranhamente atordoada com o excesso de olhares, arranco o véu e continuo o show.

Falo, escuto e danço como mulher, cis, branca, paulistana e brasileira, e naquele momento eu estava performando uma dança cujas origens são fervorosamente reivindicadas por dançarinas/os egípcias/os, e cujas práticas são inversamente proporcionais rejeitadas e marginalizadas pela população egípcia – a dançarina é bem-vinda desde que ela não seja da própria família - *ibn el raqa'sa*[3] no Egito é um xingamento equivalente a "filho/a da puta" aqui no Brasil; ao som de uma música chamada "Jomana" que está no álbum "Music for an oriental dance – danses de Nadia Gamal"[4], intitulado em dois idiomas que levaram mundo afora a fantasia orientalista; em um espaço que é uma referência por acolher e ter funcionários refugiados palestinos, além de ser um ponto de encontro e realização de

3. Do árabe dialetal egípcio significa "filha da dançarina" (DINA, 2011, p. 28).

4. Do inglês e francês: "Música para uma dança oriental – danças de Nadia Gamal". Nadia Gamal, egípcia, foi bailarina e atriz (1937-1990).

eventos políticos de esquerda, com forte posicionamento antifascista. É, portanto, um espaço cuja clientela costuma estar mais sensibilizada para temas como a questão Palestina, orientalismo, antirracismo, feminismo e seus espectros políticos.

Naquele momento eu estava com um figurino dourado com bastante bordado de pedras, vidrilhos, strass e, por mais que pessoalmente eu possa ter insatisfações com a aparência física – o que não é uma questão meramente pessoal, mas um dos efeitos do capitalismo patriarcal que se beneficia da baixa autoestima feminina -, naquele dia eu aparentava para aquela plateia algo relativamente próximo de uma beleza padrão: pouca gordura abdominal, seios valorizados pelo figurino, cabelos lisos claros, pele branca, maquiagem bem feita, traços faciais europeus. (Nessa altura do campeonato, acredito não ser novidade que padrões de beleza são gordofóbicos e racistas/eurocêntricos), ao mesmo tempo que não atendia ao estereótipo orientalista esperado para uma dançarina do ventre: alguma imagem com uma paleta de cores diferente, como cabelos mais longos e escuros, quadris mais largos, cintura mais fina, traços faciais árabes ou indianos.

Geralmente quando dançamos em restaurantes é comum que algumas pessoas deem alguma atenção, porém, muitas continuam suas conversas e refeições e, mesmo que estejam curtindo, revezam o olhar entre a dançarina e com quem estão acompanhados. Não raro, há quem se incomode com nossa presença, ficando evidente o esforço em expressar sua insatisfação ou em evitar nos olhar.

O que ocorreu de diferente naquele momento que o bar inteiro – e estava lotado – parou para olhar aquela performance? Será que o público estava encantado com a beleza da "misteriosa" dança do ventre, se conectando com a ancestralidade do "sagrado feminino", com o perdido "arquétipo da mulher selvagem" ...? Será que simplesmente estavam apreciando aquela apresentação (de dez minutos)? Será que havia gente incomodada e/ou vendo aquela dança pela primeira vez? Será que estavam olhando porque os outros estavam olhando...? Seja o que for, não há como saber exatamente. Mas a partir dessa cena, perguntas e reflexões foram sendo elaboradas.

Historicamente, a dança oriental, conhecida aqui como dança do ventre, esteve e ainda está muito presente em espaços como cabarés, casas de entretenimento, bares, restaurantes e espaços domésticos, sendo praticada, olhada, apreciada e depreciada por colonos, nativos, mulheres, homens, crianças, idosos, pessoas com deficiência, abarcando uma diversidade de praticantes nas salas de aula significativa no campo das danças.

"A dança oriental parece transitar nesses *entre-lugares*: entre o colonialismo, o racismo e o machismo, ela persiste e insiste em ocupar territórios hostis, agradando e incomodando" (SEIRIO, 2021, p. 33). Esse ambiente de "sagrado feminino" isento de conflito, bandeira, território, composto apenas por um órgão genital, é uma fantasia branca do norte global que não condiz com a realidade de dançarinas do ventre. Heather Ward em *Egyptian Belly Dance in Transition – The Raqs Sharqi Revolution 1890-1930* demonstra a partir de uma pesquisa com fontes históricas primárias que não há evidências históricas de ser uma arte "milenar" (como as/os defensoras/es da narrativa do "sagrado feminino" costumam alegar, utilizando esculturas como referência...), mas um conjunto de matrizes estéticas que teriam surgido entre os séculos XIX e XX. O mais próximo de uma dança restrita a mulheres talvez sejam as danças que ocorriam nos espaços domésticos, como nos haréns, mas até nesses espaços havia hierarquias de classe e raça. De qualquer forma, de maneira resumida para esse texto, a dança do ventre como conhecemos hoje teria sido engendrada nos espaços públicos, nas suas exposições enquanto trabalho de entretenimento, ainda que tenha relações estéticas com danças nos espaços privados.

Retornando à cena que introduzi nesse texto e minha curiosidade em relação aos olhares do público, foi levado em consideração que estávamos em um espaço frequentado por pessoas que costumam valorizar as/os artistas da casa. Porém há algumas tensões em jogo relevantes que talvez tenham tornado aquela experiência estética algo que pode ter sido mais convidativo ao olhar. Essa experiência, junto com uma série de outras, acabou por inspirar minha pesquisa de mestrado no Instituto de Psicologia da USP para a qual foi fundamental a leitura de *Orientalismo – o Oriente como Invenção do Ocidente*, publicado pela primeira vez em 1978, do autor palestino estado-unidense Edward Said, o conceito de colonialidade de Anibal Quijano o qual conheci e aprendi a partir da elaboração de gênero de Maria Lugones, autora que tive o primeiro contato por meio do livro *Pensamento feminista hoje – perspectivas decoloniais* organizado por Heloisa Buarque de Hollanda. As leituras de Rita Segato sobre colonialidade, raça e gênero, posteriores ao mestrado, tem contribuído para a continuidade do debate. Também fui impactada por uma instalação audiovisual de Grada Kilomba: *Illusions Vol. I. – Narciso e Eco*, no Centro de Arte Moderna Gulbenkian, em que a artista introduziu corpos negros no espaço branco da imagem, usando o mito de Narciso como metáfora do passado colonial e das políticas de representação no presente e seu livro *Memórias da Plantação – Episódios de Racismo Cotidiano*. Veremos ao longo do texto que se apropriar das próprias histórias e ser testemunha de seu tempo são ações características de uma perspectiva decolonial, que aponta como uma das violências da colonização o silenciamento de saberes, vozes e epistemes.

Dançar em um espaço dedicado à resistência palestina alterou profundamente o nosso modo (pois eu não estava sozinha, estava junto de mais duas mulheres que compunham a companhia de dança que produziu o show) de cuidar do conteúdo do show, de nos relacionarmos com as músicas e todo o universo cultural atrelado às danças que performamos, de diversos outros territórios (dança do ventre, *dabke, saidi, baladi, khaleege...),* aprofundando um bocado a mais em suas dimensões políticas e sociais. O show naquele restaurante rendeu à nossa companhia um convite, junto com o gerente do estabelecimento, a participar da Virada Cultural de São Paulo. Utilizamos essa oportunidade para levar também um número de *Dabke* Palestino onde exaltamos a beleza da cultura palestina.

Não pretendo investigar em que momento uma mulher subir num palco com muita pele a mostra dançando músicas orientais árabes e egípcias se resumiu a sagrado feminino ou a putaria (e talvez o maior problema nesses discursos sejam suas generalizações). Também estou distante de defender essa prática como algo revolucionário ou empoderador. Meu interesse, com esse texto, é convidá-los a pensar sobre os discursos que estão presentes nessa cena da dança do ventre, mais especificamente abrir reflexões sobre a relação entre orientalismo, colonialismo, colonialidade e gênero. Esses atravessamentos que vivi tão fortemente no corpo, no palco, nesse espaço, com esses olhares curiosos, acolhedores, provocadores e questionadores, me impulsionaram a aprofundar a sensibilidade para os temas que tenho a oportunidade de aqui compartilhar.

Raqs sharqi e danse du ventre - origens das expressões "dança oriental" e "dança do ventre" e reflexões sobre orientalismo

Edward Said compara o modelo de força e dinâmica entre Ocidente e Oriente com a relação entre Gustave Flaubert, escritor francês, e Kuchuk Hanem, *ghazyia*[5] egípcia, do século XIX: ele, homem estrangeiro europeu e relativamente rico, falava por ela e descrevia a seus leitores como ela seria: "tipica-

5. Uma categoria de dançarina profissional no Egito que performava em lugares públicos cujo bailar foi um dos pilares estéticos da dança do ventre como conhecemos hoje.

mente oriental". Ele contou sua história, ele a representou, do ponto de vista dele (SEIRIO, 2021, p. 29).

Assim, podemos compreender orientalismo como uma tradição iniciada por franceses e britânicos que compunha um modo de abordar o "Oriente". O orientalismo expressa valores culturais e ideológicos baseados em imagens e estilos coloniais da época e os estudos orientalistas, feitos por europeus, foram uma forma ocidental de produzir discursos que produziam estudos e afirmações a respeito do Oriente descrevendo-o, ensinando-o, colonizando-o, como "um estilo ocidental para dominar, reestruturar e ter autoridade sobre o Oriente" (Said [1978] 2007, p. 29).

Apesar disso, Said ressalta que não se deve supor o discurso orientalista como uma estrutura de mentiras, considerando valioso compreendê-lo como uma expressão do poder europeu-atlântico sobre o Oriente (como ele afirma ser academicamente e eruditamente). E completa:

> Ainda assim, o que devemos respeitar e tentar compreender é a pura força consolidada do discurso orientalista, seus laços muito próximos com as instituições do poder político e socioeconômico, e sua persistência formidável. (...) O Orientalismo, portanto, não é uma visionária fantasia europeia sobre o Oriente, mas um corpo elaborado de teoria e prática em que, por muitas gerações, tem-se feito um considerável investimento material (Said [1978]2007, p. 28).

Sempre que nossa companhia de dança ia anunciar o show, nos víamos diante do mesmo dilema: *dança do ventre* ou *dança oriental*? O problema do termo dança oriental é que, de uma perspectiva brasileira, inclusive crítica a um discurso orientalista, fica abrangente demais. Oriental para quem está no Brasil pode ser tanto japonês, chinês, indiano, ficando pouco específico. Já "dança do ventre" vem do francês *danse du ventre* e, se por um lado a expressão é mais conhecida para o público brasileiro, tornando a comunicação da divulgação mais efetiva, por outro lado é uma expressão que deriva de uma interpretação orientalista francesa acerca dessa prática de dança que estava acontecendo no Egito no século XIX. Segue um breve resumo histórico:

Em 1798, Napoleão Bonaparte chegou em Alexandria, no Egito, com cerca de 30 mil homens num contexto em que o território ainda era formalmente do Império Otomano e estava fragilizado. Nessa caravana havia membros da elite cultural francesa denominados *savants* e, a partir do trabalho de 160 deles foi elaborado um arcabouço imagético que "faria parte da imaginação da classe média e alta da França e outros estados europeus, imagens que foram produzidas e reproduzidas em compêndios enciclopédicos, telas e gravuras, influenciando o imaginário europeu sobre a paisagem, costumes e pessoas "orientais", compondo, por conta da temática, o que foi chamado de estilo Orientalista" (PASCHOAL, 2019b, p. 276 *apud* SEIRIO, 2021, p. 81).

Segundo Said,

> Com a ocupação do Egito por Napoleão, foram postos em movimento processos entre o Oriente e o Ocidente que ainda dominam nossas perspectivas culturais e políticas contemporâneas. E a expedição napoleônica, com seu grande monumento coletivo de erudição, a *Description de l'Égypte*, forneceu uma cena ou cenário para o Orientalismo, uma vez que o Egito e subsequentemente as outras terras islâmicas eram vistos como a província viva, o laboratório, o teatro do efetivo conhecimento ocidental sobre o Oriente (Said, 2007, p. 77).

Os *savants* criaram retratos carregados de conteúdos que atendiam à ideologia do colonialismo, sendo responsáveis por produzir documentos e imagens da época que até hoje temos acesso e servem de referência para estudos e análises. Esses textos e artes corroboravam com as *correntes científicas da época como o darwinismo social e a eugenia que designavam o ideal de superioridade racial* e retratavam os árabes como "povo à beira da selvageria, envoltos em um clima e ambientes inóspitos, detentores de costumes rudes, que pareciam desafiar a cultura vitoriana, especialmente sua falta de moralidade, civilidade e salubridade" (SAID, 2007, p.77), ou seja, era criada uma paisagem discursiva que justificava a necessidade da "moderna", "moral" e "disciplinada" "civilização europeia", com toda sua racionalidade "superior" e cientificismo. A *raqs sharqi* é engendrada nesse contexto conflituoso de colonização.

O que é *raqs sharqi*? É uma expressão em árabe egípcio que literalmente, em português, é traduzida como dança oriental. Surge como forma de demarcar, dentro do próprio território, uma prática que não seria ocidental num contexto de intenso colonialismo. Enquanto isso, *danse du ventre* é uma designação que ocorreu em associação a uma pintura produzida por Jean-Léon Gérome (1824-1904) de 1863 chamada La danse de l'almée, de acordo com Paschoal (2019b, p. 287). Nesta pintura, uma mulher com pele clara, seios e barriga à mostra está em pé, no centro, com um movimento que remete à dança, cercada de homens sentados olhando para ela, dentro de algum espaço fechado.

Essa pintura tem algumas questões historicamente problemáticas. As *awalim* (plural de *almée*) era um grupo de performers que, diferente das *ghawazi* (plural de *ghazyia*), performavam apenas em ambientes ocultos à vista masculina. Elas eram também cantoras, tinham um extenso repertório de poesias e canções mas no imaginário orientalista e, como podemos verificar nessa pintura citada de Gérome, elas foram interpretadas como dançarinas e os espaços onde performavam (haréns) foram imaginados pelos homens europeus como um lugar repleto de mulheres passivas à disposição dos homens (SHAY & SELLERS-YOUNG, 2005, p. 5 e ASSUNÇÃO, 2018, p. 10) e muitas vezes foram confundidas com as *ghawazi* que dançavam em público.

Sem entrar nos pormenores, a *raqs sharqi* se desenvolveu a partir de elementos estéticos das danças das *ghawazi* e das *awalim*, em combinação com outros elementos de culturas e danças com as quais as dançarinas entraram em contato entre os séculos XIX e XX. Segundo Ward (2018) no engendramento da *raqs sharqi* os egípcios teriam adotado ativamente ideias estrangeiras mas sempre *em termos egípcios e para fins egípcios.* Essa leitura demonstra que apesar da condição de desproporção de forças imperialistas, os egípcios não foram reatores passivos às poderosas influências ocidentais.

> Raqs sharqi *was born in this complex climate, at the nexus of tradition and innovation. Although it emerged as a hybrid of Egyptian and non- Egyptian inspirations,* raqs sharqi *is, and will remain, fundamentally and authentically Egyptian*[6] (WARD, 2018, p. 182).

Agora, acho importante retornar para aquela cena que ocorreu em 2016, no bairro paulistano de Bela Vista. Nós já tínhamos alguma noção da problemática desses termos mas, ainda assim, escolhemos divulgar nosso trabalho como dança do ventre. Assim, gostaria de trazer mais uma camada que foi difícil encontrar nas pesquisas acadêmicas de psicologia sobre experiências com dança do ventre: a dimensão do trabalho. O que as *ghawazi*, as *awalim* e as dançarinas do ventre têm em comum?

6. Tradução livre: *Raqs sharqi* nasceu neste clima complexo, no nexo de tradição e inovação. Embora tenha surgido como um híbrido de inspirações egípcias e não egípcias, a *raqs sharqi* é, e continuará sendo, fundamental e autenticamente egípcia.

Todas também estão trabalhando quando estão performando. Nessa hora fica mais difícil ainda sustentar o sagrado feminino, porque não tem nada mais profano do que o dinheiro.

Em todas essas experiências o corpo da dançarina é mão de obra trabalhadora e participa da mercadoria ao mesmo tempo. Então seus corpos, nossos corpos, estão sujeitos a negociar com as condições do mercado o tempo todo. Há tensões? Sim, o tempo todo, pois se tem uma coisa certa é que o corpo feminilizado, orientalizado, racializado, nunca satisfaz às demandas do mercado. Podemos ousar criar algumas tensões, além das já inevitavelmente postas. No entanto, precisamos trabalhar, até pelo desejo de dançar, em combinação com a necessidade de ser remunerada, de ser aceita por um público geral cuja sensibilidade está razoavelmente cooptada, devido ao empobrecimento da imaginação para as possibilidades de arte e de beleza refém de estritos padrões estéticos.

Pouca gente no Brasil entenderia o que é um show divulgado com o título *Raqs sharqi*, e isso seria completamente compreensível. Dança oriental é a melhor tradução da expressão egípcia, mas em português talvez não faça muito sentido para o público brasileiro devido a sua abrangência. Dança do ventre, com toda sua problemática, é um produto com chances de ser vendido. E podemos estender essas negociações para o repertório musical, figurinos, para como lidamos com nossa aparência Aqui fica evidente as limitações de uma arte – eu diria quaisquer artes – no sistema capitalista ainda sustentado pelo patriarcado e pela supremacia branca.

Então a primeira tensão estava em adentrar um ambiente, com público crítico ao orientalismo, divulgando um show de dança do ventre. O artigo *O imaginário orientalista na representação da mulher árabe-muçulmana*[7] publicado no blog da

7. Disponível em: https://blog.editoratabla.com.br/o-imaginario-orientalista-na-representacao-da-mulher-arabe-muculmana/, acesso em 13 de junho de 2024.

Editora Tabla chega a afirmar que a dança do ventre é uma prática orientalista. O artigo parece demonstrar uma forma de aplicação do conceito de orientalismo com, no mínimo, pouca reflexão sobre as práticas de dança do ventre, pois retira o protagonismo das mulheres egípcias que reivindicam a *raqs sharqi* como uma dança egípcia, e entrega aos colonizadores a assinatura da construção estética dessa dança, silenciando a resistência estética em mantê-la não ocidental, como ficou muito bem descrito na pesquisa citada anteriormente de Heather Ward – mesmo quando algo ocidental era agregado esteticamente, não era de forma passiva, mas sempre em função dos interesses egípcios. Um exemplo da importância dessa identidade está num relato de Dina Talaat, uma das mais brilhantes e requisitadas bailarinas ainda em atuação no Egito, em sua autobiografia *Ma Liberté de danser – La dernière danseuse d`Égypte*:

> *nous tous, Égyptiens, portons cette danse dans notre sang. Et tous ceux qui jugent que danser est un péché, tous ceux qui voudraient nous voir disparaître peuvent bien hurler : qu'un Égyptien entende le son d'un tabla ou d'une flûte, et ses pieds, instinctivement, battront la mesure, ses mains, malgré lui, s'élèvront et l'envie de bouger le prendra. Regardez ici les enfants, qu'ils soient fils de fellahs ou fils de princes, ils ont en eux ce même sens du rythme, cette grâce naturelle. L'Égyptien est né pour danser. C'est ma fierté d'appartenir à ce peuple, d'être héritière de cette tradition*[60] (DINA, 2011, p. 24).[8]

8. Tradução livre: (...) todos nós egípcios carregamos essa dança no sangue. E todos os que consideram que a dança é um pecado, todos os que gostariam de nos ver desaparecer podem muito bem uivar: que um egípcio ouça o som de uma tabla ou flauta e seus pés, instintivamente, batem no tempo, apesar de si mesmo, as mãos se elevarão e o desejo de mover vai levá-lo. Veja as crianças aqui, sejam elas filhos de *fellahs* [camponeses egípcios ou sírios] ou filhos de príncipes, elas têm dentro delas o mesmo senso de ritmo, essa graça natural. O egípcio nasceu para dançar. É meu orgulho pertencer a esse povo, ser herdeira dessa tradição (Dina, 2011, p. 24).

Será que a rejeição de uma elite acadêmica que interpreta a dança do ventre como uma prática orientalista não seria uma espécie de discurso preconceituoso similar a de quem não considera funk uma expressão da cultura brasileira? Além disso, como toda uma categoria de dança poderia ser considerada uma prática orientalista? Quando Dina Talaat está dançando Tahet el Shibak no casamento de uma família egípcia no Cairo, ela está realizando uma prática orientalista? Podemos falar de *Orientalismo na cultura Pop* como bem fizeram as historiadoras que dançam do Coletivo Hunna[9], em que muitas vezes percebemos o uso confuso de imagens da dança do ventre misturado com imagens de Bollywood, como no filme do Alladin, por exemplo, ou na música Ralando o Tchan da banda É o Tchan! que utilizou referencias da dança do ventre fora de contexto, alimentando estereótipos orientalistas da mulher árabe. Podemos, sim, pensar nos discursos orientalistas presentes no engendramento histórico da dança do ventre, em alguma performance ou outra, mas designar como orientalista a dança toda em si contribui para maior marginalização de sua prática, principalmente porque é um discurso que vem do ambiente acadêmico e, portanto, um discurso dotado de certo poder. Parece similar ao preconceito com práticas estéticas marginalizadas aqui no Brasil, o que seria um paralelo bastante possível já que a *raqs sharqi* é uma carreira nas margens do Egito, dos países árabes e, por aqui, está nas margens dos circuitos artísticos-culturais.

A dança do ventre não tem a pretensão de ser a representação universal da mulher árabe, e nem poderia ser. Assim como a bailarina clássica não é a representação universal da mulher europeia, nem a bailarina de Odissi é a representação universal da mulher indiana. Aliás essa, sim, é uma leitura orientalista – ver uma apresentação de dança do ventre e interpretar que ali

9. Coletivo composto por quatro historiadoras brasileiras que dançam e divulgam conhecimento histórico para quem dança de forma acessível. Disponível em www.hunnacoletivo.com/links-uteis, acesso em 13 de junho de 2024.

está a ver o arquétipo da mulher selvagem, ou a mulher árabe exótica. No entanto, a palavra ventre, que vem da expressão francesa *danse du ventre* estava atrelada a uma noção de gênero ocidental, a uma leitura que foi feita por ocidentais europeus acerca dessa dança. Atribuir dança do ventre a uma dança especificamente de mulheres é um discurso colonial sexista. Segundo Barbara Sellers-Young, a crença de que o corpo de mulher cis é anatomicamente feito para a dança do ventre, é um mito orientalista.

> *The myth of the female belly dancer was encouraged by European writers, such as Edward Lane, who focused their attention on the dancers of the Ottoman Empire that included female dancers the Ghawazi, (Egypt) and Cengi (Turkey) rather than the male dancer known as Khawal in Egypt or Köçek and Zenne in Turkey. In Lane's 1836 work An Account of the Manners and Customs of Modern Egyptians, he writes primarily about female dancers. When he writes about male dancers he describes them as impersonating women (Sellers-Young, p. 2410).*

Lane e outros escritores viajantes interpretaram as danças que estavam observando utilizando as referências de gênero europeias. Em *Dancing Fear and Desire* (2004 apud Sellers-Young, p. 2439), Karayanni critica a posição de Flaubert e Curtis em relação a Kuchuk Hanem. Seus olhares europeus transformaram sua dança numa aberração: *Dancing women were a threat but at least their dancing body could be subjected to symbolic Western domination through sexual intercourse*[10] (Karayanni 2004:96 apud Sellers-Young, p. 2442). Assim, a dança das *ghawazi*, *awalim*, dos *khawalat*, entre outras/os, foram vistos, descritos e expostos através de discursos orien-

10. Tradução livre: Mulheres dançando eram uma ameaça mas pelo menos seu corpo dançante podia ser sujeitado à dominação simbólica ocidental através de relações sexuais.

talistas, os quais desqualificavam os povos classificados como orientais, sendo considerados

> atrasados, degenerados, incivilizados e retardados, os orientais eram vistos numa estrutura construída a partir do determinismo biológico e da censura moral-política. O oriental era, portanto, associado a elementos na sociedade ocidental (os delinquentes, os insanos, as mulheres, os pobres) que tinham em comum uma identidade mais bem descrita como lamentavelmente estrangeira (Said, [1978] 2007, p. 281).

Até hoje é presente em algumas escolas de dança do ventre o discurso de que ela seria uma prática exclusiva de mulheres, apagando sujeitos históricos e praticantes de diversos gêneros. No entanto, isso não é um consenso no mercado e, por mais que a maioria das praticantes sejam mulheres, há também uma parcela significativa de homens praticando. O orientalismo é um discurso que serve tanto ao imperialismo quanto ao colonialismo, criando justificativas para que povos autointitulados superiores, mais civilizados, pudesse dominar povos que consideram inferiores, animalizados. No campo da inferioridade, já em consonância com as ideias coloniais que vamos aprofundar a seguir, estão as pessoas generificadas e racializadas.

Colonialidade, gênero e raça

Com Said aprendemos que orientalismo é um "estilo ocidental para dominar, reestruturar e ter autoridade sobre o Oriente" (SAID, [1978] 2007, p. 29) e acrescenta que "a construção da identidade está ligada com a disposição de poder e de impotência em cada sociedade, sendo portanto tudo menos meras abstrações acadêmicas" (SAID,[1978] 2007, p. 442). Por fim, o autor diz que o que "torna todas essas realidades fluidas e ricas tão difíceis de aceitar é que a maioria das pessoas resiste à noção subjacente: que a identidade humana não é natural e estável, mas construída e *de vez em quando inteiramente inventada*" (SAID, [1978] 2007, p. 442, grifo meu).

Sendo um estilo ocidental para dominar a partir da criação de um discurso sobre a identidade de um outro, *o orientalismo é um exemplo de discurso colonial,* ou seja: é um discurso que favorece a dominação de um povo sobre outro através da criação de identidades inferiores, tendo como referência de superioridade uma identidade específica que, no caso, é branca, europeia, heterossexual e masculina.

A dança do ventre chega no Brasil na década de 1970 e, apesar de não haver pesquisas específicas sobre a sua receptividade pelo público brasileiro, é um mercado com bastante movimento e é em território brasileiro que acontece o maior festival do mundo de danças árabes, o Mercado Persa. Como bem descreve Arlene Clemesha, nossa sociedade "é composta por alguns milhões de descendentes de árabes, principalmente libaneses, sírios e egípcios, mas também palestinos" (Pappe, 2022, p. 10). Eles fizeram parte da construção do país e são vistos como parte integral dele, no entanto, nenhum desses fatores impede narrativas enviesadas da mídia que podemos considerar orientalistas. Além disso, o fato de o Brasil ser um país que foi fundado com uma violenta colonização na base do genocídio de diversas etnias indígenas, escravidão de povos africanos, e violência patriarcal sem nenhuma reparação histórica, gerou uma espécie de bagagem material e simbólica que Anibal Quijano conceituou como *colonialidade*. Assim, a dançarina do ventre brasileira além de ser atravessada pelas questões sociais herdadas do colonialismo de seu país, também eventualmente tem que lidar com preconceitos de origem orientalista, ou seja, importa questões coloniais de outros territórios e atualiza com as lentes coloniais brasileiras.

Cabe aqui diferenciar colonialismo de colonialidade. Enquanto o primeiro termo se refere ao período temporal específico em que ocorre os eventos da colonização, o segundo se refere aos padrões de poder herdados dessa colonização e suas consequências. Esses padrões afetam as culturas e as subjetividades dos povos envolvidos, como por exemplo a interceptação de memórias, a obstrução de linguagens, o cancelamento de línguas e práticas, além do aprisionamento às novas identidades criadas pelos discursos coloniais que eram "instrumentais para o sistema de administração colonial e para a exploração do trabalho" (SEGATO, 2022, p. 64).

Entre as identidades coloniais que foram incorporadas na sociedade brasileira, estão as relativas ao sistema binário de gênero, o qual não era um consenso nas populações anteriores à colonização portuguesa. Segundo a autora nigeriana Oyèrónkẹ Oyěwùmí em *A Invenção das Mulheres – Construindo um Sentido Africano para os Discursos Ocidentais de Gênero* relata como a anatomia sexual não assumia nenhuma dimensão hierárquica ou social na sociedade iorubá no período pré-colonial (Oyěwùmí, 2021, p. 19), demonstrando como gênero não pode ser considerado uma categoria inerente à organização social humana. Ela explica que

> o conceito "mulher", usado e invocado nas pesquisas, é derivado da experiência e história ocidentais, uma história enraizada em discursos filosóficos sobre as distinções entre corpo, mente e alma, em ideias sobre determinismo biológico e ligações entre o corpo e o "social" (Oyěwùmí, 2021, p. 20).

As explicações biológicas no Ocidente ainda são privilegiadas quando se trata de explicar diferenças de gênero, raça ou classe. "A diferença é expressa como degeneração" (Oyěwùmí, 2021, p. 27). Quem possui o privilégio do discurso hegemônico estabelece sua biologia como superior, afirmando a justificativa de domínio sobre os *Outros*. Nesse sentido, o discurso orientalista caminha junto da ideia de degeneração no pensamento europeu, situado no século XIX, época em que foi difundido o eurocentrismo, cujas raízes remontam o Renascentismo, constituindo uma dimensão da cultura e da ideologia no mundo capitalista moderno (Amin, 2021, p. 11).

O eurocentrismo

> supõe a existência de invariantes culturais que conformam os trajetos históricos dos diferentes povos, irredutíveis entre si. É, então, anti-universalista, porque não se interessa em descobrir eventuais leis gerais da evolução humana. Mas apresenta-se como um universalismo, uma vez que propõe a todos a imitação do modelo ocidental como única solução aos desafios do nosso tempo (AMIN, 2021, p. 11).

A ideologia eurocêntrica foi o que permitiu a violência colonial e imperialista dos povos não europeus, os *outros*, com aspectos visuais diferentes e, portanto, compreendidos como inferiores. Isso porque, como bem enfatizado por Oyèrónke Oyěwùmí, a

> razão pela qual o corpo tem tanta presença no Ocidente é que o mundo é percebido principalmente pela visão. A diferenciação dos corpos humanos em termos de sexo, cor da pele e tamanho do crânio é um testemunho dos poderes atribuídos ao "ver". O olhar é um convite para diferenciar (Oyěwùmí, 2021, p. 29).

Nesse momento, retomo aquela cena em que me senti perturbadoramente olhada. Pode parecer contraditório, uma dançarina que se põe no palco se sentir perturbada por estar sendo olhada. E eu também os olhava, de cima do palco, apesar dele não ser muito alto. Eu não estava em um teatro onde o olhar era esperado, mas distante da plateia. Eu era uma dançarina em um bar/restaurante, bastante lotado, bem próxima do público, em um espaço culturalmente de resistência palestina, onde eu era apenas um detalhe, parte da paisagem. E mesmo que seja um público politizado, no Brasil cis-hetero-patriarcal (e, na época, estávamos sofrendo o *golpeachment* da presidenta Dilma Rousseff, em meados de 2015) ainda não é simples subir num palco com pouco tecido no corpo. Isso porque simplesmente ser olhada/o num país que ainda carrega, sem nenhuma reparação histórica, as bagagens do colonialismo, pode ser extremamente violento por ser a possibilidade de *um olhar que diferencia, que generifica, que racializa, que classifica.*

Segundo Quijano, quando os ibéricos conquistaram, colonizaram e nomearam a América, encontraram uma diversidade de povos, cada um com sua própria história, cultura, linguagem. Entre os mais conhecidos estavam os astecas, maias, chimus, aimarás, incas e chibchas, todos os quais seriam reduzidos, trezentos anos mais tarde, a uma única identidade: índios. O mesmo aconteceu com povos trazidos da África e que foram escravizados: achantes, iorubás, zulus, congos, bacongos, entre muitos outros, foram reduzidos a *negros* (Quijano, 2005, p. 12).

Como bem resumiu Maria Lugones no texto *Colonialidade e gênero*, Quijano demonstra que *a colonialidade está em todos os aspectos da vida social*, permitindo o surgimento de novas identidades geoculturais e sociais. Assim, "′América" e "Europa" estão entre essas novas identidades geoculturais; "europeu", "índio", "africano" estão entre as identidades "raciais"" (VAREJÃO, A. et al., 2020, p. 57). Essas classificações são expressões da profunda e duradoura dominação colonial e com a expansão do colonialismo europeu, foi se impondo a outras populações mundo afora.

Sendo assim, segundo Lugones, colonialidade não é apenas uma classificação racial, mas um fenômeno amplo:

> um dos eixos do sistema de poder e, como tal, atravessa o controle do acesso ao sexo, a autoridade coletiva, o trabalho e a subjetividade/intersubjetividade, e atravessa também a produção de conhecimento a partir do próprio interior dessas relações intersubjetivas. Ou seja, toda forma de controle do sexo, da subjetividade, da autoridade e do trabalho existe em conexão com a colonialidade (VAREJÃO, A. et al., 2020, p. 57).

Era um padrão também cognitivo, uma perspectiva de conhecimento em que o "não-europeu era o passado e desse modo inferior, sempre primitivo" (Quijano, 2005, p. 12). A partir do conceito de Quijano de colonialidade, María Lugones oferece uma outra perspectiva ao pontuar criticamente que haveria falta da elaboração do gênero como conceito ou como fenômeno na sua construção, entendendo que o autor

> assume que as diferenças de gênero são formadas nas disputas pelo controle do sexo, seus recursos e produtos. (...) Quijano entende o sexo como atributos biológicos que podem ser elaborados como categorias sociais. (...) para Quijano o sexo parece ser inquestionavelmente biológico (VAREJÃO, A. et al., 2020, p. 61).

Desse ponto de vista, seria problemático porque a inseparabilidade entre sexo e gênero que resulta no uso da biologia como ideologia para mapear o mundo social é, como bem nos demonstrou Oyěwùmí, uma "bio-lógica" ocidental que foi imposta sobre os corpos colonizados, que não necessariamente tinham esse modo de se organizar socialmente, nem de classificar os corpos. Essa, inclusive, é a crítica a uma categoria universal de "mulheres", já que a "suposição e o desdobramento do patriarcado e das "mulheres" como universais em muitos escritos feministas são etnocêntricos e demonstram a hegemonia do Ocidente em relação a outros agrupamentos culturais" (Oyewùmi, 2021, p. 46).

No entanto, Rita Segato faz uma leitura diferente de Lugones e, como antropóloga, relata também ter estudado a questão de gênero na tradição iorubá, lhe parecendo insustentável negar a existência de entidades que entendemos como mulher e homem, o que ainda não as torna universais. Segato sustenta que o patriarcado seria anterior ao colonialismo, e, adotando o mesmo referencial teórico que Lugones (o da colonialidade do poder de Quijano), afirma

> que as relações de gênero próprias do padrão colonial capturam as formas precedentes de patriarcado que, embora existentes e hierárquicas, não obedeciam à mesma estrutura, e as transformaram em uma forma muito mais letal de patriarcado, como é o moderno (SEGATO, 2021, p. 29).

Quijano não afirma explicitamente que o sexo é inquestionavelmente biológico mas, segundo Segato, a partir de Quijano podemos listar quatro transições do patriarcado pré-colonial para uma nova ordem patriarcal colonial e de colonialidade permanente:

1. A biologização racial e de gênero;
2. A binarização de hierarquias;
3. "a captura da capacidade política pelo sujeito universal encarnado no homem, branco, alfabetizado, proprietário e *pater famílias*" (SEGATO, 2021, p. 29);
4. Nuclearização e despolitização do espaço doméstico e das mulheres (SEGATO, 2022, p. 241).

Assim, podemos ir compreendendo que *tanto gênero como raça são categorias enclausuradas no corpo com o advento do colonialismo*. "As posições são engessadas e naturalizadas, essencializadas, porque trabalhos etnográficos hoje já clássicos mostram como a transatividade de gênero era "normal" no mundo tribal" (SEGATO, 2022, p. 242).

Oyěwùmí sugere que as discussões sobre categorias sociais sejam "definidas e fundamentadas no meio local, em vez de baseadas em achados "universais" feitos no Ocidente" (OYĚWÙMÍ, 2021, p. 46). Essa crítica decolonial aos universalismos produzidos por discursos hegemônicos tem diálogo com um debate apresentado na aula 7 de janeiro de 1976 por Foucault no Collège de France, no contexto em que "teorias totalitárias", "teorias envolventes e globais" estariam sendo criticadas e questionadas. Foucault considera que essas teorias como o marxismo e a psicanálise fornecem instrumento localmente utilizáveis, mas

> elas só forneceram, acho eu, esses instrumentos localmente utilizáveis com a condição, justamente, de que a unidade teórica do discurso fique como que suspensa, em todo caso recortada, cindida, picada, remexida, deslocada, caricaturada, representada, teatralizada etc. Em todo caso, inteiramente retomada nos próprios termos da totalidade levou de fato a um efeito de freada (Foucault, [1976] 2010, p. 7).

A partir disso, Foucault percebe o movimento de uma insurreição de "saberes sujeitados" que ele chamou de "reviravoltas do saber". Por "saber sujeitado" ele entende, primeiro, por conteúdos históricos e saberes eruditos que foram enterrados, "mascarados em coerências funcionais ou em sistematizações formais" (Foucault, [1976] 2010, p. 8), e segundo, um conjunto de saberes que "estavam desqualificados como saberes não conceituais, como saberes insuficientes elaborados: saberes ingênuos, saberes hierarquicamente inferiores, saberes abaixo do nível do conhecimento ou da cientificidade requeridos" (Foucault, [1976] 2010, p. 8). Então, Foucault formula para seus alunos a concepção de *genealogia*, como o acoplamento desses dois tipos de saberes sujeitados, permitindo a "constituição de um saber histórico das lutas e a utilização desse saber nas táticas atuais" (Foucault, [1976] 2010).

As genealogias não têm objetivo de produzir uma ciência mais exata, mas como "anticiências" produzem uma insurreição "sobretudo e acima de tudo contra os efeitos centralizadores de poder que são vinculados à instituição e ao funcionamento de um discurso científico organizado no interior de uma sociedade como a nossa" (Foucault, [1976] 2010, p. 10).

Aqui Foucault já estava sendo crítico ao que poderíamos chamar do conjunto de saberes que beneficiam discursos hegemônicos, e trazendo a seus alunos a relevância dos "saberes sujeitados". A genealogia seria

> uma espécie de empreendimento para dessujeitar os saberes históricos e torná-los livres, isto é, capazes de oposição e de luta contra a coerção de um discurso teórico unitário, formal e científico. A reativação dos saberes locais – "menores", talvez dissesse Deleuze – contra a hierarquização cientifica do conhecimento e seus efeitos de poder intrínsecos, esse é o projeto dessas genealogias em desordem e picadinhas (Foucault, [1976] 2010, p. 11).

Com essa discussão, podemos ir observando os efeitos da colonialidade no campo dos saberes. Em um texto mais recente, Ramón Grosfoguel (2016) discute a estrutura epistêmica do mundo moderno em relação aos quatro genocídios/epistemicídios ao longo do século XVI (1450-1650), argumentando que o privilégio epistêmico do homem ocidental teria sido construído às custas dos sujeitos coloniais. Segundo Grosfoguel, o "universalismo" nada mais é do que um disfarce para um provincianismo com uma pretensão mágica de que o conhecimento produzido por homens de cinco países possa ser suficiente para explicar as realidades sócio-históricas do mundo inteiro.

"O privilégio epistêmico e a inferioridade epistêmica são dois lados da mesma moeda. A moeda é chamada racismo/ sexismo epistêmico (GROSFOGUEL, 2012), na qual uma face se considera superior e a outra inferior". Os quatro genocídios/ epistemicídios que estão relacionados a violências coloniais e imperialistas são:

"1. contra os muçulmanos e judeus na conquista de Al-Andalus em nome da "pureza do sangue";

2. contra os povos indígenas do continente americano, primeiro, e, depois, contra os aborígenes na Ásia;

3. contra africanos aprisionados em seu território e, posteriormente, escravizados no continente americano; e

4. contra as mulheres que praticavam e transmitiam o conhecimento indo-europeu na Europa, que foram queimadas vivas sob a acusação de serem bruxas" (GROSFOGUEL, 2012, p. 31).

O "penso, logo existo" é, segundo Grosfoguel, o "extermino, logo existo". Quantas imaginações e saberes acerca do mundo foram aniquilados pela violência colonial-imperialista?

"COMO O EUROCENTRISMO AFETA A EUROPA?
Essa é uma pergunta inédita
Passei horas explicando
como o eurocentrismo nos afeta: a nós, latino-americanos,
não a vocês, europeus.
No entanto, de fato, ele realmente os afeta,
afeta a imaginação,
afeta a inteligência" (SEGATO, 2022, p. 83).[11]

11. Trecho de texto aforístico de Rita Segato apresentado a convite do Centre Georges Pompidou no encontro de diretores de museus europeus Europe of Museums, em 8 de abril de 2019. (N.A.)

O eurocentrismo afeta a inteligência e imaginação da Europa, mas também pode ter afetado a dos povos que tiveram sua cultura, sua história, suas vidas roubadas e assassinadas pelo colonialismo. No entanto, se a colonialidade é a bagagem dessa experiência traumática, ela é apenas uma parte do todo, e contém suas fendas. É assim que as dançarinas egípcias de *raqs sharqi* podem até incorporar deslocamentos do jazz americano, pernas do balé italiano, molduras de braço de danças persas (pois é, nem só de influência "ocidental" vive o "Oriente" colonizado), a seu bel prazer, nas negociações entre o que lhes interessa e o desejo/necessidade de serem interessantes. Mas apesar da intensa influência dessas outras danças, em especial as ocidentais com tradições coreografadas, padrões de corpos físicos longilíneos, com um universo musical completamente diferente, a *raqs sharqi* permanece viva em constante transformação, se reinventando em diversos lugares do mundo, com elementos estéticos que definitivamente não vieram dos colonizadores e até hoje causam provocações: as movimentações intensas pélvicas e de quadril, ondulações e tremidos, a relação íntima entre movimento e musicalidade oriental (geralmente músicas orientais árabes utilizam sistema modal de música, enquanto músicas ocidentais utilizam sistema tonal).

Por fim, é importante ressaltar as relações entre colonialidade e capitalismo, já que a bagagem racista e sexista do colonialismo são pilares importantes na constituição desse sistema econômico que aniquila tantos povos ao redor do mundo. Enquanto o capital existiu muito antes da América, o capitalismo como sistema de relação de produção constituiu-se na história apenas com a emergência da América. Racismo, sexismo e capitalismo se retroalimentam mutuamente. A servidão, escravidão, pequena produção mercantil, a reciprocidade e o salário foram formas de controle do trabalho estabelecidas para produzir mercadorias. Quijano ressalta que raça e divisão do trabalho foram estruturalmente associados, reforçando-se mutuamente (Quijano, 2005, p. 118) e aqui gostaria de acrescentar gênero a partir das reflexões de María Lugones e Silvia Federici que, apesar de terem perspectivas diferentes sobre o que entendem como mulheres, ambas inserem um fato fundamental: *houve uma divisão de trabalho por gênero, que se articula sempre com a raça.*

Federici, em *Calibã e a Bruxa – Mulheres, corpo e a acumulação primitiva* ressalta o confinamento de mulheres ao trabalho reprodutivo na transição do feudalismo para o capitalismo, e isso tem implicações diferentes a depender de como essas mulheres são racializadas. Já Lugones, ressalta como o sistema de gênero no capitalismo eurocêntrico global é uma questão ideológica apresentada como biológica, e que é parte da produção cognitiva da modernidade a raça atribuída de gênero, assim como o gênero racializado: "A raça não é nem mais mítica nem mais fictícia que o gênero – ambos são ficções poderosas" (VAREJÃO, A. et al., 2020, p. 73).

Não é novidade o uso das ciências biológicas como estatuto de ciência superior para estabelecer a classificação de corpos. Mas mesmo se utilizássemos a biologia como argumento, já há pesquisas que demonstram que a narrativa do binarismo não é suficiente para dar conta dos fenômenos que se apresentam dentro dessa perspectiva científica. É o caso do artigo *Sex redefined*[12] por Claire Ainsworth na revista Nature, que demonstra que a presença ou ausência do cromossomo Y não é o único fator para definir a sexualidade de uma pessoa. Pessoas intersexo, nessa perspectiva biológica, são expressões dessa diversidade que rompem a ficção do binarismo. Afinal, somos nós que temos que nos adaptar aos livros de biologia ou os livros de biologia que precisam se atualizar com as expressões da vida e constantemente rever suas bases epistemológicas? Sabemos, no entanto, que infelizmente a primeira opção é o que

12. Disponível em: https://www.nature.com/articles/518288a, acesso em 13 de junho de 2024.

tem prevalecido e que, também com Said, é preciso desconfiar de todo conhecimento que se diz verdadeiro ou apolítico:

> (...) o consenso liberal geral de que o "verdadeiro" conhecimento é fundamentalmente apolítico (e, inversamente, que o conhecimento manifestamente político não é conhecimento "verdadeiro") confunde as circunstâncias políticas altamente organizadas, embora de forma obscura, que prevalecem no momento em que o conhecimento é produzido (Said [1978], 2007, p. 38).

Assim como a raça já esteve historicamente na ciência considerada como um marcador biológico, o mesmo hoje acontece com a biologização do gênero, no encarceramento de identidades a uma lógica de classificação de corpos binária, a qual não é universal e foi imposta como verdade nos processos de colonização e se mantém como estrutura de poder. Retomo que tanto raça quanto gênero são categorias socialmente construídas e, no contexto colonial, estão relacionadas à inferiorização de grupos sociais não hegemônicos para justificar sua dominação, subjugação, escravização, aniquilação, enfim, criando uma divisão social dos papéis de acordo com os sistemas coloniais a qual se mantem posteriormente à colonização nas relações de poder que chamamos de colonialidade. Portanto, uma perspectiva anticolonial no contexto brasileiro será resistente à fixação das identidades de gênero em corpos biológicos, compreendendo que:

1. o binarismo de gênero não é "natural", nem universal;
2. o binarismo de gênero herdado da colonização faz parte do sistema cis-heteronormativo da ideologia eurocêntrica;
3. o eurocentrismo é uma ideologia racista-patriarcal-colonial que ampara a desumanização de identidades não hegemônicas;

4. o Brasil foi colonizado por europeus, engendrando uma colonialidade de poder eurocêntrica binária de gênero que inferioriza identidades fora do padrão cis-hetero-masculina;

5. o binarismo é ideológico, mas apresentado como biológico, ou seja: a inferioridade de gênero, assim como já foi a inferioridade de raça na ciência, é naturalizada;

6. A naturalização da binariedade de gênero naturaliza a violência de gênero, pois a base da criação da diferença é a inferioridade de um sobre o outro.

Em todos os projetos coloniais, a violência de gênero esteve presente, como veremos no item a seguir. E em diversos cenários coloniais diferentes, pessoas dançaram. Para sobreviver, para se divertir, para resistir, para entreter, sempre negociando suas vontades com suas necessidades. E depois dessa apresentação conceitual entre gênero e colonialidade, retomo a cena inicial, no bairro de Bela Vista.

Palestina livre: uma pauta feminista, anticolonial e antirracista

Depois de diversos números de danças egípcias, do golfo pérsico e libanesa, nossa companhia de dança encerrou o show com um número de dabke palestino. Em São Paulo, onde residimos, a maioria dos professores ensinam o dabke libanês, então preparamos esse número com bastante antecedência estudando com integrantes da Cia El Funoun, praticantes de dabke palestino, de Manaus, quando eles vieram para cá competir no Mercado Persa. A ideia era fazer uma homenagem ao espaço que estava nos recebendo e abrir uma roda de dabke para quem quisesse participar. O público foi bastante participativo, juntando clientes e funcionários. Logo retiraram as mesas do espaço e formamos uma roda que tomou todo o espaço. O dabke palestino acaba por se diferenciar de outros lugares pois, desde a ocupação da Palestina, se tornou uma forma de resistência.

Com a recente escalada da brutalidade colonial genocida dos colonos de Israel contra os palestinos e a escancarada diferença de tratamento pela mídia hegemônica, que desumaniza árabes palestinos e trata israelenses como inocentes, vemos ao vivo e a cores um colonialismo em curso. Mas por vias alternativas, principalmente pela internet, é possível acessar imagens e depoimentos do que está acontecendo em Gaza. É possível ser testemunha do genocídio palestino.

Entre a memória e os passos
uma oliveira se põe a gritar,
com todas as suas rugas, diante da ausência.
O mensageiro não tem culpa de todo esse palavreado
(Trecho da poesia "Aglomeração" de Muna Almassdar[13])

Com um esforço guiado por uma ética decolonial, que visa dar protagonismo a vozes silenciadas, o que vem a seguir é a tentativa de dar espaço para o grito da oliveira[14], violentamente abafado por anos de colonização da Palestina, desde o início de sua ocupação em 1948. Diferentemente do pseudo-humanismo da mídia hegemônica que se fantasia de neutra mas parte de uma perspectiva sionista, orientalista, racista, favorecendo e humanizando uns corpos em detrimento de outros, os próximos parágrafos buscarão contar a partir da perspectiva de quem tenta ouvir a oliveira, com todas as suas rugas.

---

13. A poesia Aglomeração de Muna Almassdar foi traduzida do árabe para o português por Alexandre Facuri Chareti e publicada no livro "Gaza: terra da poesia", da editora Tabla, organizado por Muhammad Taysir.
14. A oliveira é um símbolo nacional palestino, representando resistência e conexão com a terra.

É importante deixar bastante explícito nesse texto que a crítica à violência colonial do estado de Israel e ao sionismo não é uma crítica ao povo judeu. Inclusive é um atestado de falsa democracia a identificação de um grupo étnico a um estado, e é um sintoma de uma de suas doenças, entre elas, o *apartheid*. Em estados democráticos situações como essa não deveriam existir, e pessoas de qualquer grupo étnico, racial e religioso, como árabes e muçulmanos, deveriam se sentir pertencentes. No entanto, o que encontramos aqui é diferença de leis, por exemplo, estabelecendo que a maioridade penal para palestinos é 12 anos, enquanto para judeus é 18. Mas, como bem demonstrado por Altman, *não é a religião judaica que determina a natureza do estado de Israel,* "mas uma corrente político-ideológica fundada em 1897 pelo jornalista húngaro Theodor Herzl, autor do livro *O Estado Judeu*" (Altman, 2023, p. 41). O sionismo, termo usado pela primeira vez em 1892 por Nathan Birnbaum, que remete ao Monte Sião, tinha como consigna "uma terra sem povos para um povo sem terras" (slogan criado por Israel Zangwill, famoso escritor anglo-judeu porta-voz do sionismo). Recorreram a argumentos religiosos como *povo eleito* e *terra prometida* criando uma narrativa de *supremacia racial* e de direito natural à Palestina.

Inicialmente a ocupação da Palestina pelos sionistas foi comercial e financeira, com arrecadação de dinheiro da burguesia judaica da Europa Ocidental e dos Estados Unidos. Após a morte de Herzl, em 1904, sionistas ditos socialistas vão ganhando predominância no movimento, no entanto, ainda abraçavam a mesma tese fundamental: "a de um estado sob supremacia judaica, sob o qual defendiam uma sociedade de bem-estar social para quem pertencesse à etnia hegemônica, cuja eventual flexibilidade poderia permitir a integração de *etnias subalternas*" (Altman, 2023, p. 50, com grifo meu).

Em 1948, quando foi criado o estado de Israel, os judeus eram minoria na Palestina e os sionistas encontraram um modo para impor seu poder ou, como disseram alguns líderes sionistas, para resolver o "problema demográfico árabe" (MASALHA, 2021, p. 13): se convertendo em maioria através da expulsão em massa, "uma política de limpeza étnica que atingiria seu auge após a primeira guerra árabe-israelense" (ALTMAN, 2023, p. 51).

Durante a guerra de 1948, cerca de 750 mil palestinos[15], mais de 80% da população árabe do que viria a ser Israel foram exilados. Segundo Pappe, a limpeza étnica expulsou cerca de 800 mil pessoas, destruiu 531 aldeias e esvaziou 11 bairros urbanos. (PAPPE, 2023, p.11). E, mesmo os palestinos que permaneceram após a guerra, também foram perseguidos por Ben-Gurion (líder sionista da época). Conforme as forças britânicas se retiravam do território com o fim do Mandato Britânico na região,

> as forças da comunidade judaica tomavam conta dele, removendo a população local antes mesmo do fim do Mandato. O processo começou com alguns vilarejos em fevereiro de 1948 e culminou em abril com a limpeza étnica de Haifa, Jaffa, Safad, Beisan, Acre e Jerusalém Ocidental. (PAPPE, 2022, p 123).

Isso tudo fazia parte do plano D., plano principal preparado junto do alto comando do Haganá, principal ala militar da comunidade judaica, e incluía referências de limpeza étnica como: destruição de vilarejos ateando fogo, explodindo e plantando minas entre os destroços, operações de busca e controle que visavam cercar vilarejos e, no caso de resistência, a força armada deveria ser destruída e a população expulsa dos limites do estado (PAPPE, 2022, p. 123).

---

15. Fonte: "Al nakba, uma tragédia sem fim" por Arlene Clemesha, em https://blogdaboitempo.com.br/2023/12/07/al-nakba-uma-tragedia-sem-fim/ Acesso em 13 de junho de 2024.

Em sete meses "531 vilarejos foram destruídos e onze bairros urbanos, esvaziados. A expulsão em massa foi acompanhada de massacres, estupros e confinamento de homens acima de dez anos em campos de trabalho por períodos superiores a um ano" (PAPPE, 2022, p. 126).

Em 9 de abril de 1948, mais de 100 palestinos foram assassinados na cidade palestina de Deir Yassin. "Algumas das vítimas foram mutiladas e estupradas antes de serem assassinadas. Famílias inteiras foram mortas. Dezenas de homens foram levados para Jerusalém em caminhões e depois executados em uma pedreira próxima". O massacre foi liderado por Yitzhak Shamir e Menachem Begin, que vieram a se tornar primeiros-ministros de Israel. *Em 15 de maio de 1948 o Estado de Israel foi autodeclarado marcando a Nakba, a catástrofe palestina.*[16]

Em 1956, houve o massacre de Kafr Qasim, em que cidadãos foram assassinados pelo exército apenas por serem palestinos. Crimes perversos de guerra foram cometidos em 1967, bombardeios em campos de refugiados em 1982. Violações físicas nos territórios ocupados nos anos 1980 em diante. Pelo menos 15 mil palestinos foram mortos ilegalmente por Israel desde 1967 e, entre eles, havia 2 mil crianças de acordo com relatórios da Anistia na categoria execuções ilegais. Um quinto dos prisioneiros palestinos estão na prisão sem julgamento, sem saber do que são acusados, sendo impedidos de falar com advogados. De acordo com o site Middle East Monitor, há cerca de 200 métodos de tortura usados pelos israelenses nos palestinos, entre eles estão: "Espancamentos, acorrentamentos de prisioneiros a portas e cadeiras durante horas, derrame de água fria e quente sobre seus corpos, distensão de dedos e torção dos testículos" (PAPPE, 2022, p. 171). Tudo isso no estado que se diz ser a única democracia no Oriente Médio.

16. Fonte: Juventude Sanaúd – entidade que dissemina informações sobre a juventude palestina no Brasil, a causa palestina e o mundo árabe.

Segundo Pappe, o crime cometido pelo governo de Israel é o de limpeza étnica, considerando assim sua definição:

> qualquer ação movida por um grupo étnico que deseja expulsar outro grupo étnico com o propósito de transformar uma região multiétnica em pura. Essa ação configura limpeza étnica, independentemente dos métodos empregados para alcançá-la – seja persuasão, ameaças, expulsões ou grandes massacres (PAPPE, 2022, p. 125).

E segundo estudos mais recentes, como colonialismo é um termo muito associado ao passado, tem-se adotado a seguinte expressão: colonização de povoamento. No entanto, as lógicas são as mesmas do colonialismo, as da eliminação e da desumanização, buscando-se invadir o máximo da Palestina reduzindo o quanto for possível o número de palestinos.

"Desde o princípio, a resistência palestina foi retratada como um ato de ódio contra os judeus" (Pappe, 2022, p. 94), uma maneira muito eficaz de desviar o foco do grupo que está realmente sendo oprimido há mais de 70 anos na região. Basta ver a transformação dos mapas ao longo desses anos para perceber Israel engolindo territórios palestinos e a existência de campo de refugiados palestinos em sua própria terra. Se não percebermos que esse é um projeto de colonização em curso, e que o genocídio e expulsão do povo palestino favorece esse projeto, quantas crianças palestinas mais vão morrer pelo pudor de ser falsamente acusado de antissemita? *Palestinos também são semitas*. Afinal, qual será a diferença entre palestinos e judeus no cenário geopolítico atual? Considerando que os palestinos são deslocados para o polo discursivo como oriental árabe, animal humano, e os israelenses nessa configuração são deslocados para o polo ocidental, sendo representantes da civilização, espero que o conceito de orientalismo auxilie na compreensão da racialidade que vai se estruturando nesse jogo de relações, elaborando essa reflexão junto da citação a seguir:

> Sim, valeria a pena estudar, clinicamente, em detalhes, os passos de Hitler e do hitlerismo e revelar ao burguês muito distinto, muito humanista e muito cristão do século XX que ele carrega consigo um Hitler sem saber, que Hitler *vive nele*, que Hitler é seu *demônio*, que se ele o vitupera, é por falta de lógica e, no fundo, o que ele não perdoa em Hitler não é o crime em si, o *crime contra o homem*, não é a *humilhação do homem em si*, é o crime *contra o homem branco*, é a humilhação do *homem branco*, é de haver aplicado à Europa os procedimentos colonialistas que atingiam até então apenas os árabes da Argélia, os *coolies* da Índia e os negros da África.
>
> E essa é a grande acusação que eu dirijo ao pseudo-humanismo: ter por muito tempo reduzido os direitos humanos, ter ainda uma concepção estreita e fragmentada deles, parcial e tendenciosa e, considerando tudo, sordidamente racista" (CÉSAIRE, 2020, p. 18).

Segundo Shalhoub-Kevorkian, Wahab e Al-Issa (2022), os impactos de gênero pela colonização sionista são bastante violentos. Ainda assim, além da contínua desumanização dos palestinos, inclusive das mulheres, israelitas se gabam dos seus direitos para mulheres fazendo uma espécie de escudo, um *feminist washing*, partindo de ideias orientalistas de que árabes e muçulmanos são culturas incompatíveis com a liberação de mulheres e democracia. É parte da violência colonial a restrição ao acesso à saúde e movimentação com os *checkpoints* e o muro de separação, impactando também a educação, emprego, celebrações culturais, rituais, partos, mortes, lutos e cuidados com saúde. Essas situações propiciam o isolamento das mulheres, tornando-as mais vulneráveis a violências de gênero, controle patriarcal, misoginia e estupros. Um estudo de Abed Rabo Al-Issa & Beck (2020) demonstrou que a desumanização das mulheres palestinas visitando seus companheiros nas prisões as deixam mais vulneráveis a violência física e sexual dos soldados. Estupros tem sido arma de guerra, incluindo em Deir Yassin, em 1948, como já descrito anteriormente.

Recentemente com a contínua destruição de Gaza em 2023/24, homens do exército de Israel têm se divertido tirando fotos com lingeries de mulheres palestinas. A relatora especial da ONU, Francesca Albanese em entrevista à RFI contou que a situação é muito violenta: "Recebemos queixas direta ou indiretamente, ou seja, também através de advogados que trabalham na área dos direitos humanos na Palestina, relacionadas com torturam ameaças sexuais e estupro"[17]. Além disso, em 06 de junho de 2024 foi publicado uma matéria no The New York Times revelando que as Forças de Ocupação Sionistas estão torturando e estuprando palestinos sequestrados de Gaza no campo de prisioneiros de Sde Teiman[18].

Enquanto escrevo essas palavras, segue o genocídio contra o povo palestino que já atingiu em 09 de junho de 2024 a marca de 37 mil vidas ceifadas em Gaza, das quais 70% são mulheres ou crianças. Desde 07 de outubro de 2023, mais de 540 crianças foram sequestradas por Israel, pelo menos 200 seguem cativas e há aproximadamente 10.000 soterrados. Em condições insalubres, sem acesso a água potável, medicamentos, alimentos, sob o terror de bombardeios diários, mulheres grávidas estão realizando partos sem anestesia, as que fazem cesariana, acabam ficando com infecções em decorrência de feridas causadas em locais insalubres. Mulheres em situação de pobreza menstrual tiveram que contar com a solidariedade de outras palestinas que pudessem compartilhar pílulas anticoncepcionais para evitar menstruação em condições que poderiam colocar suas vidas em risco, algumas até perderam

---

17. Fonte: "Gaza: mulheres são vítimas de estupros e torturas, diz relatora da ONU". RFI, 25 de fevereiro de 2024. Disponível em http://metropoles.com/mundo/gaza-mulheres-sao-vitimas-de-estupros-e-torturas-diz-relatora-da-onu, acesso em 13 de junho de 2024.
18. Fonte: https://www.nytimes.com/2024/06/06/world/middleeast/israel-gaza-detention-base.html acesso em 13 de junho de 2024.

menstruação devido ao estresse. Há muitas dando à luz prematuramente por conta do terror, nem todas sobrevivem à gravidez e ao parto. Não há incubadoras para bebês prematuros e as novas gerações de crianças palestinas acumulam traumas e doenças.[19]

Vemos sangrando diante de nós, com vídeos facilmente encontrados na internet, as consequências brutais da colonização. Segundo Altman, apesar do discurso de democracia israelense, o estado de Israel é um dos mais repressivos do mundo com leis racistas e coloniais. Cerceando e bloqueando a Cisjordânia e a Faixa de Gaza com muros e esquemas de segurança que impedem livre circulação de palestinos, eles também controlam

> fornecimento de água e energia elétrica, coleta de impostos e comercio exterior, além de impor sua própria moeda. Mais de cinco milhões de palestinos vivem submetidos a um regime marcial, sem quaisquer direitos civis, sob instituições políticas sem soberania, que funcionam como gendarmes de um Estado colonial, como é o caso da Autoridade Palestina (ALTMAN, 2023, p. 66).

É importante destacar que é crucial para entender qualquer conceito relacionado a colonização (colonialismo, colonialidade), sua intrínseca relação com o racismo o qual, espero já ter demonstrado acima, se relaciona também com gênero. O produto da racialização/generificação é a inferiorização do outro para justificar sua dominação, sua inferiorização e até sua aniquilação. Não é à toa o discrepante tratamento midiático hegemônico entre as vítimas israelenses e as vítimas palestinas.

19. Fonte: "Gaza: o terror da gestação, do parto e da maternidade em uma terra devastada", por Alejandra Mateo Fano para Revista Opera. 21 de Abril de 2024. Disponível em https://revistaopera.operamundi.uol.com.br/2024/04/21/gaza-o-terror-da-gestacao-do-parto-e-da-maternidade-em-uma-terra-devastada/ acesso em 13 de junho de 2024.

É racismo e, mais especificamente, orientalismo. Por isso que nessa dinâmica de identidades, entendendo que elas não são fixas, há um grupo embranquecido pela sua ocidentalização e, outro, orientalizado.

> Nós repetimos: *o racismo não é uma descoberta acidental. Não é um elemento secreto, dissimulado. Não são necessários esforços sobre-humanos para evidenciá-lo.*
>
> O racismo salta aos olhos precisamente por fazer parte de um todo bastante típico: *o da exploração desavergonhada de um grupo de homens por um outro grupo,* que atingiu um estágio de desenvolvimento técnico superior. ***É por isso que a opressão militar e econômica, na maior parte do tempo, precede, possibilita e legitima o racismo*** (Fanon, 2021, p. 77, grifo meu).

Fanon é um teórico do racismo e colonialismo do século XX, mas é possível traçar paralelos. No caso do colonialismo na Palestina a diferença tecnológica se dá pela discrepância de acesso dado que Israel recebe muito apoio das maiores potências do mundo, Estados Unidos e Reino Unido, enquanto os palestinos precisam lutar sozinhos contra essas grandes potências. São literalmente tanques contra crianças com pedras. Com o exposto até então, considerando a intrínseca relação entre racismo e colonialismo percebe-se a impossibilidade de falar sobre gênero e colonialidade sem centralizar o debate racial, e, como vimos, a violência de gênero é sempre uma das ferramentas coloniais.

Segundo Grada Kilomba, é a combinação do preconceito e do poder que formam o racismo. Nesse sentido, "*racismo é a supremacia branca*" (KILOMBA, 2019, p. 76). E ele é revelado através de

> diferenças globais na partilha e no acesso a recursos valorizados, tais como representação política, ações políticas, mídia, emprego, educação, habitação, saúde etc. Quem pode ver seus interesses políticos representados nas agendas nacionais? Quem pode ver suas realidades retratadas na mídia? Quem pode ver sua história incluída em programas educacionais? Quem possui o quê? Quem vive onde? Quem é protegida/o e quem não é? (KILOMBA, 2019, p. 76).

Edgar Morin, perplexo com o silêncio do mundo, ressalta que

> o testemunho é a única coisa que nos resta. Se não podemos resistir de maneira concreta, resistamos na nossa mente. Não nos deixemos enganar, não nos esqueçamos, tenhamos a coragem de ver as coisas que temos à nossa frente e vejamos o que podemos fazer para continuar a dar o nosso testemunho.[20]

Assistimos, incrédulos, a atualidade do *Discurso sobre o colonialismo* de Aimé Césaire e o cinismo das manifestações pseudo-humanistas que parecem ignorar as mais de 14 mil crianças palestinas mortas, e as que, sobrevivendo diariamente, sofrem amputações sem anestesia, traumatizadas após assistirem os corpos de seus pais e irmãos e amigos e animais de estimação explodirem, ou serem alvos de balas israelenses, em constante exílio, sem ter para onde ir, passando fome e sede.

Os números contabilizados em 29 de abril de 2024 são de cerca de 34.454 mortos em Gaza (sendo 14.778 crianças), 491

20. Trecho traduzido da fala de Edgar Morin no Festival du livre africain de Marrakech, entre 08 e 11 de fevereiro de 2024, disponível em http://observador.pt/2024/02/22/filosofo-frances-edgar-morin-diz-se-perplexo-e-indignado-com-o-massacre-cometido-por-israel-em-gaza/ acesso em 13 de junho de 2024.

mortos na Cisjordânia ocupada (sendo 124 crianças), 77.575 feridos em Gaza, mais de 8.000 sob escombros em Gaza, 4.800 feridos na Cisjordânia ocupada, mais de 8.495 presos na Cisjordânia ocupada. Em Israel há 1399 mortos (sendo 1139 no dia 07 de outubro de 2023) e 8730 feridos. Os números, segundo as Brigadas da Verdade e da Paz, são subestimados devido à falta de compartilhamento dos governos e por dificuldade de comunicação com hospitais em Gaza.[21]

"perguntas: o que quer dizer <<refugiado>>?

dirão: é quem teve as raízes arrancadas da terra.

perguntas: o que quer dizer <<terra>>?

dirão: a casa, a amoreira, o galinheiro, a colmeia, o cheiro de pão, o céu primeiro.

perguntas: como uma única palavra, de cinco letras, consegue suportar tudo isso, mas não suporta a gente?"

Trecho de "da presença da ausência" de Mahmud Darwich.[22]

Se, como disse Césaire, "a Europa é indefensável" (CÉSAIRE, 2020, p.9), o que será que ele diria do regime sionista de Israel e seu tutor, os EUA?

O direito à opacidade, a habitar entre-lugares

Percebendo que os discursos da colonialidade foram muito competentes em utilizar a biologia e o fenótipo como justificativas para categorizar e hierarquizar corpos em funções de trabalho e lugares sociais, é realmente libertador e revolucionário reforçar esses discursos na justificativa de ressignificá-los? Onde mulheres no poder no contexto de capitalismo

21. Fontes: Palestinian Health Ministry, Palestine Red Crescent Society, Israeli Medical Services.

22. a obra foi traduzida do árabe para o português por Marco Calil. Darwich foi e mesmo após a morte ainda é poeta nacional da palestina, considerado um dos maiores escritores da língua árabe.

patriarcal libertou as mulheres (e que mulheres)? Queremos representatividade nos espaços que executam o trabalho sujo do colonizador? Será que realmente queremos protagonizar nos espaços de poder, onde poder significa oprimir? Recentemente a referência brasileira de *mulher no poder*, a empresária Luiza Trajano, presidente do conselho de administração da Magazine Luiza, foi um dos nomes que apoiou abaixo-assinado contra apoio do Brasil à investigação de Israel por genocídio[23]. Sua contribuição como mulher no poder parece que não levou em consideração as mulheres palestinas. E de que adianta um estado se dizer *LGBTQ-friendly* se ele comete genocídio de outros povos? Não tem pessoas LGBTI+ entre esses que eles matam, torturam e abusam?

Eis a nova armadilha: se antes justificavam a colonização utilizando escancaradamente o racismo e sexismo como formas de naturalizar opressões, hoje as bandeiras das mesmas identidades ressignificadas são usadas como escudo para blindar opressores de suas atrocidades. O discurso do feminismo branco é usado como se fosse pauta civilizatória, apoiada no discurso orientalista do mundo árabe machista ultrapassado, um discurso orientalista e racista. Enquanto isso, há muito tempo Israel utiliza a bandeira do arco-íris para fazer *pinkwashing*, ou seja, limpar seu nome em relação a suas violações de direito, como por exemplo o regime de apartheid, intensamente denunciado por pessoas como Angela Davis e Nelson Mandela, além do próprio povo palestino.

Na cena da dança do ventre, é comum que os espaços de aula sejam restritos a mulheres, assim como é a associação do ventre a pessoas com útero. É preciso considerar que na realidade brasileira, com o alto índice de violência de gênero, esses espaços restritos têm muita importância. É onde, muitas vezes, numa sociedade muito marcada pela desigualdade de gêne-

23. Fonte: https://www.cnnbrasil.com.br/internacional/empresarios-fazem--abaixo-assinado-contra-apoio-do-brasil-a-investigacao-de-israel-por-genocidio/ Acesso em 13 de junho de 2024.

ro, mulheres vão conseguir com sensação de mais segurança, sem serem interrompidas ou perturbadas pela necessidade de protagonismo masculino, compartilhar relatos, histórias, sonhos, ampliando suas imaginações de vida. No entanto, por tudo que foi demonstrado acima, questiono o constante discurso nas mídias sociais e salas de aula associando a dança do ventre a uma dança para mulheres cis, no sentido além da exclusão, como isso afeta a inteligência e a imaginação das possibilidades estéticas tão maravilhosas dessa dança que pratico há quase duas décadas. Entender que as identidades coloniais atravessam nossas relações sociais é diferente de se apegar a essas identidades como essências, como se fossem parte da nossa natureza. Esse é o discurso do colonizador.

Quando *Jomana* estava chegando ao fim naquela noite em Bela Vista, a música simplesmente parecia não terminar. Isso porque eu pensei que havia mandado uma versão editada, com alguns minutos a menos, mas sem querer enviei a inteira. O público ficou entretido, olhando, os dez minutos e quarenta e oito segundos de meu improviso. Quando saí, voltei para o camarim, sem ar, e bebi água. A música seguinte já havia começado e minha amiga da companhia já havia entrado. Eu recuperava o fôlego e enxugava o suor para trocar o figurino, pois ainda tinha mais algumas apresentações. Encerramos o show com uma roda de dabke palestino e, nesse momento, quem ficou na ponta da roda liderando foram pessoas com mais intimidade com essa dança que, nesse caso, eram vários funcionários da casa palestinos que sabiam dançar incrivelmente bem. Além disso, qualquer pessoa podia entrar na roda.

Nesse entre-lugares, entre o Oriente e o Ocidente, entre a música e o movimento, entre um momento e outro, entre o efêmero e o eterno, entre a vontade e a necessidade, entre o desejo e o capital, entre o acolhimento e a violência, entre o olhar de alteridade e o colonial, entre corpos e entre paredes, entre a aparente leveza e o peso da gravidade, entre o racismo e o sexismo, entre ossos e os músculos, entre a pele e o outro, entre o pé e o chão, entre os olhos e o coração, a dança do ventre continua a acontecer encantando, provocando, incomodando, agradando, estranhando e se reinventando. Assim como tudo que se propõe a estar vivo e não se encaixa no discurso de superioridade, normalidade e poder da colonialidade. A condição entre-lugares que proponho para a dança do ventre, a desloca de um engessamento colonial e, por ser uma posição inexata, confusa, pouco assertiva, entendo que aqui reservo a ela o que Édouard Glissant chamou de direito à opacidade[24]. No México, em uma conferência em Octavio Paz, ele disse: "*Quelqu'un a le droit d'être opaque a mes yeux*".[25] E completa que um racista é aquele que recusa o que não compreende. "*Je peux accepter ce que je ne comprends pas, l'opacité cet a droit que nous devons avoir*"[26].

Veja a confusão discursiva em relação à violência colonial contra a Palestina, diante de imagens que a mídia hegemônica não está conseguindo esconder. Foi retirado o direito à opacidade dos palestinos: eles foram reduzidos, no discurso hegemônico racista orientalista, a árabes terroristas, a Hamas, a extremistas, a prisioneiros, a mortos. Mas quando as imagens e os números chegam em um considerável número de pessoas, graças aos esforços de jovens jornalistas palestinos, como Motaz Azaiza e Bisan Owda, registrando o genocídio de seu próprio povo e compartilhando nas redes sociais as perspectivas que não são mostradas em nenhum canal de televisão ocidental, sua humanidade é restaurada junto com a desconstrução desses estereótipos costurados cruelmente como verdade, mobilizando milhares de pessoas ao redor do mundo em diversas manifestações pelo cessar fogo na Palestina. Agora muitas pessoas sabem que nem todo palestino faz parte e/ou apoia o

24. Disponível em: https://www.youtube.com/watch?v=qu9dHpzSeNQ&t=22s, acesso em 13 de junho de 2024.

25. "uma pessoa tem o direito de ser opaca aos meus olhos".

26. "eu posso aceitar o que eu não compreendo, a opacidade é um direito que nós devemos ter".

Hamas. Que o termo terrorista só existe para pessoas racializadas e, quando não são, é denominado direito de defesa. Entre outras informações que deixam a realidade mais complexa, talvez mais opaca, mas mais humana.

O olhar colonial não vê, mas nos faz sentir transparentes, nus. A transparência ocidental, no entanto, é uma falácia. Pois a sensação de nudez não está relacionada a um estado de presença de alteridade. É a sensação de terem nos arrancado a própria pele e, no lugar, colocado sua fantasia limitada com a qual nos impõem identificações. E permanecemos identificados enquanto abraçamos essas carcaças coloniais.

As categorias coloniais retiram nosso direito à opacidade, esmagam nossos corpos e subjetividades com discursos mentirosos fantasiados de verdades absolutas sobre quem somos e podemos ser. Ao mesmo tempo, somos seres angustiados buscando respostas, o que torna muito sedutoras quaisquer ficções que preencham nossas crises existenciais. Ainda não conseguimos nos livrar dessas fantasias bastante limitadas da colonialidade. A amputação da sensibilidade e imaginação para que caibamos nessas vestes é tão grande, que não raro é fonte de dezenas de relatos de sofrimento psíquico na clínica. É até legal bordar em cima, mas quem borda também sabe rasgar, como a contrassexualidade proposta por Preciado e, quem sabe, seja possível mobilidade tal para dançar entre-lugares. Dançar do rio ao mar.

Do dançar-escutante à escuta-dançante

Por fim, convido a/o leitora/or para transitar entre o palco e o consultório, dois locais de trabalho muito íntimos, onde em ambos empresto corpo para as mais diversas projeções. Retomando a íntima conexão entre música e movimento quando se trata de dança do ventre, nessa perspectiva dançar é a relação que se produz atravessada por uma escuta atenta e imersiva. Escuta das melodias, da voz, do ritmo, dos silêncios, bem como do próprio coração, da própria respiração, como parte daquele momento. É no encontro entre essas escutas com o mundo da imaginação, temperado por técnicas, experiências, estudos, que o corpo-dançante vai se transformando criando possibilidades com o que lhe afeta – sem nunca perder a música, dançante-escutante. Se considerarmos a música o palavreado na clínica, a escuta da/o psicóloga/o não é muito diferente dessa relação da dança com a música.

No território da dança do ventre, os estudos que fazem composição junto do mundo da imaginação, podem incluir história da dança do ventre, idioma árabe egípcio, aspectos políticos, sociais e culturais, teoria musical, anatomia etc. Quanto mais se estuda o contexto cultural de uma música e dança, os instrumentos musicais que estão sendo tocados, os ritmos, tempos e estilo musical, o significado das palavras que estão sendo cantadas, mais sofisticada e sensível fica a escuta. E não se trata aqui de tornar o fenômeno estético mais visível, mas deslocá-lo de uma falsa transparência estereotipada, a caminho de uma opacidade que possibilite sua profundidade.

Ainda considerando que a dança do ventre tem historicamente uma tradição de improviso e, se tiver banda ao vivo, dança e música podem uma transformar a outra – é comum os músicos se inspirarem nos movimentos da bailarina para fazerem escolhas musicais, podendo chegar ao ponto de os movimentos da bailarina serem a partitura do percussionista e vice-versa -, entendo a construção de sensibilidade na clínica, num país colonizado, de maneira bastante similar ao da dança do ventre, uma dança que se engendrou em território colonizado.

Assim como há riscos de se fazer uma representação tosca, chapada e estereotipada com a dança do ventre se não houver um cuidado ético em apurar a sensibilidade que aprofunde sua experiência estética, o mesmo acontece na clínica num país racista e sexista. A/o psicóloga/o e/ou analista que trabalha num território profundamente ferido pelo passado colonial sem a consciência dessa história e seus atravessamentos, corre o risco de perpetuar a violência colonial discursivamente no seu consultório.

É comum que uma aluna de dança do ventre por vezes não explore em sua dança a leitura musical de certos instrumentos aos quais ainda não foi apresentada, mesmo estando presentes na música, pois por não conhecer seus sons e até suas existências, não os reconhece no meio de outros sons que já lhe são mais familiares. Assim, pode ser que essa aluna dance a música inteira sem dançar o *qanun* presente na música, ignorando um instrumento bastante importante na música árabe. O mesmo pode acontecer na clínica com um psicólogo que não tenha estudado, por exemplo, sobre racismo, ou entenda o racismo como uma questão identitária, mimimi, ainda mergulhado no discurso hegemônico da colonialidade que favorece, aí sim, a manutenção da naturalização identitária da supremacia branca, não reconhecendo uma violência racial que lhe seja relatada, por exemplo.

Essa compreensão acerca da colonialidade tem efeitos na escuta que convocam a posturas tais quais venho ressaltando desde o início do texto: ser testemunha, não indiferente, junto de um profundo compromisso ético com a sofisticação da sensibilidade, considerando parte desta ação a territorialização histórico-social das falas e escutas, e um engajamento político que alimente continuamente a criticidade do olhar para as teorias e ferramentas com as quais trabalha. Além desse testemunho sensível, visar oferecer uma escuta que devolva o direito à opacidade num mundo violento, ferido pelo massacre neoliberal que empobrece diariamente as ficções sobre quem somos, nos reduzindo a grupos sociais consumidores. Que nos devolva a dignidade de, além de poder criar nomeações próprias, também poder lidar com um vasto não-saber sobre si. Uma escuta-dançante, testemunhante, que possa deslocar as possibilidades imaginativas de ser de lugares colonialmente estabelecidos a, quem sabe, outros lugares, entre-lugares.

Referências

ALTMAN, B. *Contra o Sionismo: Retrato de uma Doutrina Colonial e Racista.* São Paulo: Alameda, 2023.

AMIN, Samir. *O Eurocentrismo: Crítica de uma Ideologia.* São Paulo: Lavrapalavra, 2021.

ASSUNÇÃO, Naiara M. R. G. de. *Entre Ghawazee, Awalim e Khawals: Viajantes inglesas da Era Vitoriana e "Dança do Ventre".* Dissertação (mestrado) – Universidade Federal do Rio Grande do Sul, Instituto e Filosofia e Ciências Humanas, Programa de Pós-Graduação em História, Porto Alegre, BR--RS, 2018.

BUNTON, R. *British Travelers and Egyptian 'Dancing Girls': Locating Imperialism, Gender and Sexuality in the Politics of Representation, 1834-1870.* Dissertação – Master of Arts, Department of History, Faculty of Arts and Social Sciences, 2017.

CÉSAIRE, Aimé. *Discurso sobre o colonialismo.* São Paulo: Veneta, 2020.

DARWICH, Mahmud. *Da presença da ausência.* Rio de Janeiro: Tabla, 2020.

DAVIS, Angela. *A Liberdade É Uma Luta Constante.* São Paulo: Boitempo, 2018.

DINA. *Ma Liberté de Danser – la derniére danseuse d'Égypte.* Neully-sur-Seine: Éditions Michel Lafon, 2011.

FANON, Frantz. *Por uma revolução africana - textos políticos.* Rio de Janeiro: Zahar, 2021.

FEDERICI, Silvia. *Calibã e a Bruxa – mulheres, corpo e acumulação primitiva.* São Paulo: Elefante, 2017.

FOUCAULT, Michel. *Em defesa da sociedade*. São Paulo: Martins Fontes, [1976] 2010.

GRAMSCI, Antonio. *Odeio os indiferentes – escritos de 1917*. São Paulo: Boitempo, 2020.

GROSFOGUEL, Ramón. A estrutura do conhecimento nas universidades ocidentalizadas: racismo/sexismo epistêmico e os quatro genocídios/epistemicídios do longo século XVI. In: *Revista Sociedade e Estado* – Volume 31, n. 1, Janeiro/Abril, 2016.

KILOMBA, G. *Memórias da Plantação: Episódios de Racismo Cotidiano*. Rio de Janeiro: Cobogó, 2019.

MASALHA, N. *Expulsão dos Palestinos: O conceito de "transferência" no pensamento político sionista 1882-1948*. São Paulo: Sundermann/ Monitor do Oriente, 2021.

MERNISSI, Fatema. *Scheherazade Goes West – Different Cultures, Different Harems*. Nova York: Washington Square Press Publication of POCKET BOOKS, 2001. E-book para Kindle.

OYĚWÙMÍ, Oyèrónkẹ́. *A Invenção das Mulheres – Construindo um sentido oyèrónkẹ́ oywùmí africano para os discursos ocidentais de gênero*. Rio de Janeiro: Bazar do Tempo, 2021.

PAPPE, I. *Dez Mitos Sobre Israel*. Rio de Janeiro: Tabla, 2022.

__________. *A Limpeza Etnica da Palestina*. Lisboa: KKYM + P.OR.K, 2023.

PASCHOAL, Nina. I. C. *Ventre Colonizado: representações da mulher árabe e suas danças na pintura orientalista do século XIX*. Dissertação de Mestrado. Pontifícia Universidade Católica de São Paulo, 2019a.

____________________. Discursos orientalistas sobre a dança: o caso de Almée, na egyptian dancer, de Gunnar Berndtson. In: *Faces da História*, Assis/SP, v.6, n.2, p.274-289, jul/dez, 2019b.

QUIJANO, Anibal. Colonialidade do poder, Eurocentrismo e América Latina. In: *A colonialidade do saber: eurocentrismo e ciências sociais. Perspectivas latino-americanas.* Buenos Aires: CLACSO (Consejo Latinoamericano de Ciencias Sociales), 2005.

SAID, Edward W. *Cultura e Imperialismo.* São Paulo: Companhia de bolso. E-book para kindle, n.d.

__________. *Orientalismo: o Oriente como invenção do Ocidente* (1978). Tradução Rosaura Eichenberg. São Paulo: Companhia das Letras, 2007.

__________. *Reflexões sobre o exílio e outros ensaios.* Tradução Pedro Maia Soares. São Paulo: Companhia das Letras. E-book para kindle, 2003.

SALGUEIRO, R. *"Um Longo Arabesco": Corpo, subjetividade e transnacionalismo a partir da dança do ventre.* Tese de Doutorado. Curso de antropologia social, departamento de antropologia, UNB, Brasília, 2012.

SEGATO, Rita. *Crítica da colonialidade em oito ensaios e uma antropologia por demanda.* Rio de Janeiro: Bazar do Tempo, 2021.

______________. *Cenas de um pensamento incômodo: Gênero, cárcere e cultura em uma visada decolonial.* Rio de Janeiro: Bazar do Tempo, 2022.

SEIRIO, Bianca P. *Bailarinas orientais e dançarinas do ventre: Um mejance de atuações na cidade de São Paulo.* São Paulo: Instituto de Psicologia, Universidade de São Paulo, 2021. Dissertação de Mestrado em Psicologia Social.

SELLERS-YOUNG, B. *Belly Dance: Orientalism, Transnationalism & Harem Fantasy.* California: Mazda Publishers, 20025.

SHALHOUB-KEVORKIAN, N., WAHAB, S., AL-ISSA, F. A. *Feminist Except for Palestine: Where Are Feminist Social Workers on Palestine?*. In: Affilia. Fevereiro, 2022. DOI: 10.1177/08861099221079381.

SHAY, A.; SELLERS-YOUNG, B. *Belly Dance: Orientalism, Transnationalism & Harem Fantasy*. California: Mazda Publishers, 2005.

VAREJÃO, A. et al. *Pensamento feminista hoje: perspectivas decoloniais*. Org. e apresentação Heloisa Buarque de Hollanda. Rio de Janeiro: Bazar do Tempo, 2020.

WARD, Heather. *Egyptian Belly Dance in Transition: The Raqs Sharqi Revolution, 1890-1930*. North Carolina: McFarland & Company, Inc., 2018.

Autores

Bianca Seirio

Psicóloga pelo Instituto de Psicologia da Universidade de São Paulo (2015), onde também fez aperfeiçoamento em Orientação Profissional e de Carreira (2016) e obteve título de Mestra em Ciências (2021) no programa de Psicologia Social com a dissertação *Bailarinas orientais e dançarinas do ventre: um mejance de atuações na cidade de São Paulo*. Atende em consultório particular desde 2016 como psicóloga clínica. É praticante de dança do ventre e danças folclóricas egípcias desde 2005, tendo atuado profissionalmente em circuitos culturais e de entretenimento, e cofundadora da Cia Talub (2017).

Daniel Françoli Yago

Psicólogo clínico e Mestre em Ciências Sociais (PUC-SP). Foi professor do curso de Psicologia da USCS (Universidade Municipal de São Caetano do Sul) entre os anos de 2014 e 2023. É tradutor e autor de ensaios e artigos sobre literatura, estudos de gênero e psicologia analítica. Publicou *A Ascensão do Titanic* (Ed. Urutau), livro de contos, em 2024, e seu livro *O Abraço da Quimera: ensaios de literatura e imaginação* está no prelo.

Érica Matos

Psicóloga Clínica. Membro-Analista pelo Instituto de Psicologia Analítica da Bahia, Associação Junguiana do Brasil (AJB) e da International Association for Analytical Psychology (IAAP), Co- Coordenadora do Departamento da Diversidade Sexual e de Gênero. Pós-graduada em Direito Homoafetivo e Gênero, na Universidade Santa Cecília.

Tatiana Deola

Psicóloga Clínica. Mestre em Psicologia Clínica pelo Programa de Pós-Graduação em Psicologia na área de concentração

Estudos da Subjetividade da Universidade Federal Fluminense (UFF). Especialista em Psicologia Analítica pela Universidade Veiga de Almeida (UVA).

SATTVA
EDITORA

contato@sattvaeditora.com.br
www.sattvaeditora.com.br